Junge Schreibtalente aus Rheinland-Pfalz
Durchschrift 5

Herausgeber: Ministerium für Wissenschaft, Weiterbildung und Kultur des Landes Rheinland-Pfalz, Yvonne Globert
Mit einem Geleitwort von Minister Prof. Dr. Konrad Wolf und einem Vorwort von Jurymitglied Ruth Johanna Benrath
Umschlaggestaltung: Bajo
Titelbild: Olivia Schwengler, o.T., Aquarell auf Papier, 15 x 19,7 cm, © 2018
Kontrast Verlag
D-56291 Pfalzfeld
www.kontrast-verlag.com
© Titelbild: Olivia Schwengler
© für die einzelnen Beiträge: Bei den Verfassern.
Alle Rechte vorbehalten
ISBN 978-3-941200-65-4

DURCHSCHRIFT 5

Junge Schreibtalente aus Rheinland-Pfalz

Zum Geleit

Liebe Leserinnen und Leser,

mit „Durchschrift 5" haben wir ein Experiment gewagt: Erstmals haben wir junge Kreative an den Jugendkunstschulen in Rheinland-Pfalz in einem Wettbewerb aufgefordert, uns Coverentwürfe für die neue Anthologie zu schicken. Es war nicht klar, wie viele sich angesprochen fühlen würden. Vor allem war aber auch den Jugendlichen und jungen Erwachsenen, die schließlich mitgemacht haben, nicht klar, welche Geschichten in dem Buch zu lesen sein würden. Denn auch der Wettbewerb für junge Schreibtalente hatte gerade erst begonnen. Für die jungen Covergestalterinnen und -gestalter war „Durchschrift" somit eine Blackbox, gefüllt mit Geschichten junger Menschen ihres Alters.

Trotzdem oder vielleicht sogar deswegen hat die neue „Durchschrift" ein äußerst passendes Cover bekommen. Nicht nur, weil es attraktiv gestaltet ist. Das Cover hat auch etwas Irritierendes und lädt dazu ein, sich intensiver mit dem Buch insgesamt zu beschäftigen: Wir schauen in Gesichter von Menschen, die ganz bei sich sind. Sie strahlen Ruhe und auch eine gewisse Ernsthaftigkeit aus und scheinen tief versunken in ihre jeweils eigene Geschichte.

Die Gewinnerin des Cover-Wettbewerbs, Olivia Schwengler von der Jugendkunstschule unARTig des Kunstvereins Ludwigshafen, hat damit intuitiv ein stimmiges Motiv für die diesjährige „Durchschrift" gefunden. Denn die jungen Autorinnen und Autoren gehen mit ihren Texten ebenfalls in die Tiefe. Wesentliches spielt sich nicht an der Oberfläche ab, sondern hat seinen Kern in den Erfahrungen und dem inneren Erleben der Figuren. Mitunter ist es dabei ganz schön harter Tobak, mit dem die Protagonisten konfrontiert sind: Sie schließen Freundschaft auf dem Friedhof, arbeiten als Henker, sind getrieben von Rachegelüsten oder müssen sich buchstäblich ihr Herz teilen. Gleichwohl ist „Durchschrift 5" kein düsteres Buch geworden, sondern ein Werk mit vielen Schichten. Gewalt etwa – egal, ob sie sich gegen andere oder gegen den Handelnden selbst richtet – wird in ihrer ganzen Absurdität deutlich. Die Autorinnen und Autoren beleuchten aber auch glasklar und tiefgründig die komplexen Entwicklungen eines Menschen, die gewaltvollem Handeln vorausgehen können.

Ausgewählt wurden die 30 besten Texte, die Interessierte zwischen 13 und 23 Jahren einreichen konnten, wieder von den Schriftstellerinnen und Schriftstellern Ruth Johanna Benrath, Annegret Held, Jens Schumacher und Ken Yamamoto. Die vier Schreibtalente, die die Jury besonders überzeugt haben, können nun während eines einjährigen Coaching-Programms mit den Jurorinnen und Juroren an weiteren Texten arbeiten: Vanessa Leuschner gemeinsam mit Annegret Held. Maja Friederike Rausch mit Ruth Johanna Benrath. Sandra Schorr mit Ken Yamamoto. Und Judith Volk mit Jens Schumacher.

Der Austausch der Hauptgewinnerinnen und -gewinner mit erfahrenen Schreibprofis, bei denen ich mich herzlich für ihren Einsatz als Mentorenteam bedanke, ist für die jungen Autorinnen und Autoren immer wieder eine wertvolle Erfahrung. Das zeigen uns die vielen positiven Rückmeldungen aus den Vorjahren. Ich bin sicher, dass auch die diesjährigen Preisträgerinnen wieder einen wichtigen Impuls für ihre literarische Arbeit mitnehmen können. Ihnen und auch unserer Cover-Gestalterin wünsche ich für den weiteren Schaffensprozess alles Gute.

Und Ihnen, liebe Leserinnen und Leser, wünsche ich viel Freude beim Lesen und Entdecken der neuen „Durchschrift".

K. Wolf

Prof. Dr. Konrad Wolf
Minister für Wissenschaft, Weiterbildung und Kultur

Vorwort

Der Wettbewerb „Junge Schreibtalente aus Rheinland-Pfalz" – und damit auch unsere Anthologie – feiert ein kleines Jubiläum: Die DURCHSCHRIFT wird fünf Jahre alt und ist damit bereits ein Erfolgsmodell! Und wieder versammeln sich hier in erstaunlicher Bandbreite die Texte von jungen Autorinnen und Autoren.

Der Fantasie scheinen keine Grenzen gesetzt: Mit viel Witz und Ironie, aber auch mit Tiefgang wird von den „Zwischenmenschlichen Befremdlichkeiten" bei der Kontaktaufnahme mit dem anderen Geschlecht, vom Umgang mit den Neuen Medien, von Sozialneid und Mobbing, von Krieg und Gewalterfahrungen erzählt.

Die Betrachtung der Gegenwart schließt die historische Analyse mit ein. Mit geradezu dialektischem Scharfsinn wird gefragt, ob durch einen Regimewechsel die einstigen Sieger der Geschichte tatsächlich zu Besiegten werden. So gehen die jungen Schreibtalente sowohl nah und hart an die Realität heran als auch philosophisch in die Tiefe, wenn zum Beispiel gleich in mehreren Texten über das Phänomen der Zeit reflektiert wird.

Mit viel Experimentierfreude versuchen sich die jungen Autorinnen und Autoren immer wieder aufs Neue in den verschiedensten Literaturgattungen: Lyrik steht neben einem rasanten Krimi, eine Fantasy-Geschichte neben parabelhaften Texten und sogar ein szenischer Text wird ausprobiert.

Alles in allem zeigt „Durchschrift 5" in eindrücklicher Weise, dass Digitalisierung und Neue Medien die

Schreiblust der jungen Autorinnen und Autoren nicht wie oft behauptet beeinträchtigt. Es scheint, als müssten wir uns über die Zukunft der jungen Leute weniger Sorgen machen als befürchtet. In diesem Sinne:

„Hör nicht auf die Angst.
Renn, wenn du weißt, was gut für dich ist.
Renn, als ob deine Füße von der Luft getragen werden.
Als ob etwas Großartiges auf dich wartet.
Als ob kein Ballast auf dir liegt.
Renn, mein Kind.
Lauf, lauf wie der Wind." (Nach Celina Blum)

Seien wir also gespannt, wohin die Reise führt!

Für die Jury:
Ruth Johanna Benrath

Die preisgekrönten Texte

(in alphabetischer Reihenfolge)

Vanessa Leuschner

Sentenced to Death – Zum Tode verurteilt

Houston, Texas, United States of America
„Ihr Name ist Christian Steel. Ist das richtig?", forschte sie nach, als sie einen Blick auf ihre Unterlagen warf. Ich nickte: „Das stimmt, ja." Ein Lächeln formte sich auf ihren Lippen – beinahe freundlich, aber irgendwie auch nicht. Aus einem mir unbekannten Grund wurde ich aus ihr nicht schlau. Als sie mich hereingebeten hatte, da war sie mir sympathisch gewesen. Aber jetzt, als ich ihr gegenübersaß, wusste ich nicht sicher, was ich von ihr halten sollte. Sie wirkte kalt. Oder lag das an den Möbeln? Die rein weißen Einrichtungsgegenstände in dem kleinen Büro erinnerten mich an ein Labor. Ein Krankenhaus. Oder den Exekutionsraum.

„Gut." Mit dem Kugelschreiber tippte sie auf das Blatt, welches vor ihr auf dem Tisch lag. Es war leer, liniert. Daneben meine Akte, aus der sie meinen Namen kannte. „Sie sind Henker. Erzählen Sie mir etwas über Ihren Beruf."

Einen Moment lang überlegte ich. Nachdenklich, beinahe nervös, kratzte ich mich am Hinterkopf. Es kam nicht häufig vor, dass ich über meine Arbeit sprach. „Viel gibt es nicht zu erzählen", meinte ich und zuckte mit den Schultern. „Ich vollstrecke die Todesstrafe. Jemand wird verurteilt, und dann wird er irgendwann zu mir geschickt, damit ich ihn töte." Sie schrieb irgendetwas auf das leere Blatt, welches nun nicht mehr leer war. „Mhhm", machte sie. Abwartend sah ich sie an. „Christian …", sie hielt inne und sah mich über den Rand ihrer runden Brille hinweg an. „Ich darf Sie doch so nennen?" Ich nickte.

„Okay." Sie nickte und da war es wieder. Das freundliche Lächeln, von dem ich nicht ganz wusste, ob es wirklich freundlich war, oder nur so wirken sollte. Unruhig wippte ich mit dem Fuß. „Sind Sie nervös, Christian?", erkundigte sie sich. Ich verstand nicht, worauf das hinaus führen sollte. Ich war nur hier, weil man mir gesagt hatte, dass eine Researcherin von *Amnesty International* gerne mit mir sprechen würde. Über meinen Beruf, nicht meine Person.

„Ich rede nicht oft über meine Arbeit", entzog ich mich einer direkten Antwort.

„Wieso nicht?" Wie zuvor auch zuckte ich mit den Schultern. „Weil es sich nicht gehört, schätze ich." Wieder machte sie sich Notizen. „Sie finden Ihren Beruf also verwerflich, habe ich das richtig verstanden?" Ich schüttelte den Kopf. „Nein. Also, nicht direkt." „Indirekt also schon?" Was war das, ein Verhör? Sie drehte mir förmlich das Wort im Mund herum. „Hören Sie, Miss Prentiss ..." „Victoria", unterbrach sie mich. Ich nickte. „Gut, Victoria. Ich verhänge keine Urteile. Ich entscheide nicht, wer exekutiert wird und wer nicht." Der Stift kratzte über das Papier. „Die Exekutionen laufen nicht auf mein Konto, sondern auf das derer, die sie veranlassen." Ich verfolgte mit dem Blick die Stiftspitze, als Victoria meine Worte dokumentierte. Oder zumindest, was sie aus ihnen deutete.

„Angenommen ...", hob sie an und legte den Kugelschreiber ab, „... Sie töten jemanden, egal auf welche Art und Weise. Nach der Vollstreckung stellt sich heraus, dass er unschuldig war. Was würden Sie dann machen?" –

„Weiter. Ich würde weitermachen." – „Obwohl Sie gerade unrechtmäßig einen Menschen getötet hätten?" – „Ja." Sie zog die Augenbrauen in die Höhe, als habe sie gerade eine Erkenntnis gewonnen. Bevor sie etwas erwidern konnte, hatte ich aber schon weitergeredet: „Darf ich Ihnen auch eine Frage stellen, Victoria?" Eindringlich sah ich ihr in die Augen, ohne aufdringlich zu wirken. Ihre waren blau und blickten mir ruhig entgegen. „Natürlich, Christian." – „Sie appellieren öffentlich gegen die Todesstrafe, richtig?", wollte ich wissen. „War das Ihre Frage?"

Ich lachte auf, fasste mich aber schnell wieder. „Nein. Es war eher eine … Feststellung. Worum es mir eigentlich geht: Wenn Sie wirklich erreichen wollen, dass die Todesstrafe abgeschafft wird, wieso sind Sie dann hier und reden mit einem einfachen Henker? Würde es nicht viel mehr Sinn machen, zu versuchen, politisch etwas in Gang zu setzen? Ich bin bloß dafür zuständig, die Drecksarbeit zu erledigen, Victoria."

Ich lehnte mich zurück und Victoria folgte meinem Beispiel, indem sie sich ebenfalls zurücksinken ließ. Sie imitierte mich. „Sehen Sie, genau deswegen bin ich hier. Ich möchte begreifen, was Sie zu diesem Beruf gebracht hat."

„Nein, nein." Ich klopfte leise mit den Fingern auf die Stuhllehne. „Sie verstehen den Punkt meiner Aussage nicht. Ich bin unwichtig. Es kann Ihnen vollkommen egal sein, wieso ich jeden Morgen zur Arbeit fahre, was meine Arbeit mit mir macht oder wie ich zu meiner Arbeit stehe. Sie vergeuden Ihre Zeit mit mir."

Und wieder setzte sie dieses Lächeln auf, während sie auf ihr Blatt blickte. „Ich glaube, wir reden aneinander

vorbei. Vielleicht sollte ich ab jetzt ehrlich mit Ihnen sein."
Dieses Mal war es an mir, sie verständnislos anzusehen.
„Ehrlich mit mir sein? Was soll das heißen?" Für einen Moment schwieg sie, als würde sie überlegen. Dann setzte sie ihre Brille ab und zog etwas aus ihrer Tasche. Es war eine Mappe, so weiß wie der Rest des Raumes, auf der ein schwarzes Logo prangte. „Sie sind intelligent, Christian", lächelte sie, „und Sie haben recht, in gewisser Weise. Womöglich habe ich nicht die richtigen Fragen im Hinblick auf mein Anliegen gestellt." Sie schlug die Mappe auf und blätterte für einen Moment in ihr herum. „Das liegt möglicherweise daran, dass ich nicht im Auftrag von *Amnesty International* komme, sondern in dem von der *American Psychological Association*." Aus einer Folie zog sie eine Visitenkarte und schob sie mir zu. Skeptisch nahm ich das kleine Kärtchen entgegen und betrachtete die Angaben. „Doctor Victoria Prentiss?" Ich hob eine Augenbraue.
„Ich bin Wissenschaftlerin, keine Researcherin", erklärte sie. „Die *APA* ist der weltweit größte Fachverband für Psychologie." Verhalten lächelte sie, als sie aufstand, und auch ich erhob mich von meinem Platz. „Es tut mir leid, dass ich Ihnen nicht von Anfang an alles über mich preisgeben konnte. Ich wollte Sie nicht mit meinem Forschungsprojekt überrumpeln." Nun war es nicht mehr nur sie, aus der ich nicht schlau wurde, sondern auch ihre Worte. Sie schien dies zu merken, denn bevor ich nachhaken konnte, beschwichtigte sie mich: „Keine Sorge, Christian. Ich werde Ihnen alles erklären, wenn Sie kooperieren." Sie reichte mir die Hand, und aus Höflichkeitsgründen ergriff ich sie. „Überlegen Sie es sich. Wenn Sie sich entschieden haben, wissen Sie ja jetzt, wie ich zu erreichen bin." Mit

einer Handgeste deutete sie auf die Visitenkarte in meiner Linken und warf in Verbindung dazu einen kurzen Blick auf die Uhr, welche ich am Handgelenk trug. „Sie sollten jetzt besser gehen. Ich hörte, um achtzehn Uhr findet Ihre nächste Hinrichtung statt. Sie sollten besser nicht zu spät kommen." Sie öffnete mir die Tür. "Auf Wiedersehen, Christian." – "Auf Wiedersehen, Victoria."

Houston, Texas, United States of America
Eine Woche später – aus Victorias Sichtweise
Das Telefon klingelte etwa eine Woche später. Mit einem „Victoria Prentiss, was kann ich für Sie tun?" hob ich ab. Die raue, tiefe Stimme am anderen Ende der Leitung war unverkennbar. „Die Frage ist eher, was ich für Sie tun kann, Victoria." Ein Lächeln schlich sich auf meine Lippen. „Ich wusste, dass Sie sich früher oder später melden würden, Christian", entgegnete ich, ohne auf seinen Konter einzugehen. „War das so offensichtlich?", wollte er wissen. „Nicht direkt", hob ich an, kam aber nicht weit, weil er mich unterbrach. „Indirekt also schon?" Beinahe hätte ich aufgelacht. „Verwenden Sie gerade meine Worte?", forschte ich nach. „Womöglich." Für einen Moment herrschte Stille. „Wieso haben Sie sich nicht schon früher gemeldet?", fragte ich dann. Ein kurzes Zögern – er suchte nach Worten. „Ich hatte viel zu tun." – „Mit Hinrichtungen?" Wieder eine Pause. „So ähnlich. Sagen Sie, haben Sie die Zeitung gelesen?" Ich überlegte kurz. „Nein, habe ich nicht." Ich konnte mir gut vorstellen, dass er bedächtig nickte. „Dann sollten Sie das besser tun. Ich komme morgen vorbei." Dann legte er auf.

Am Folgetag

„*Zweistündiger Todeskampf bei einer Hinrichtung in der Huntsville Unit*", las ich die Schlagzeile vor, die die erste Seite der lokalen Wochenzeitung zierte. Mein Blick wanderte zu Christian, welcher mir gegenübersaß. Er schien die Ruhe selbst zu sein, machte aber keine Anstalten, etwas darauf zu erwidern. Ich wandte mich wieder dem Bericht zu. *Ein verurteilter Mörder kämpfte bei seiner Hinrichtung durch die Giftspritze in dem texanischen Staatsgefängnis von Huntsville zwei Stunden lang um sein Leben, bevor er an der ihm injizierten Giftmischung starb. Ein neuartiger Cocktail, der offenbar nicht ausreichend getestet worden war, soll verantwortlich gewesen sein für die langen Qualen vor seinem Ableben. Der Fall sorgt für Aufsehen: Wann hört der Todes-Wahnsinn endlich auf?* Wieder sah ich zu Christian, der mich immer noch bloß stumm anblickte. Ich seufzte. „Wollen Sie nichts dazu sagen?"

Er zuckte mit den Schultern. „Was soll ich denn dazu sagen?"

Ich zuckte mit den Schultern. „Weiß ich nicht. Irgendetwas", entgegnete ich. „Wieso wollten Sie, dass ich mir das durchlese?" Der Blick aus seinen stahlgrauen Augen gab nichts darüber preis, wie er sich bei der Sache fühlte. „Sie wollten doch etwas über meinen Beruf erfahren", erklärte er. „Das gehört dazu." Er sagte das, als wäre es eine Selbstverständlichkeit. Es bereitete mir Unbehagen, auch wenn ich es mir nicht anmerken ließ. „Wie stehen Sie dazu?", fragte ich. Christian wandte den Blick zu der Zeitung, die vor mir auf meinem Schreibtisch lag. „Passiert." – „Ihnen ist es egal?" Er schüttelte den Kopf. „Nein. Ich kann es nur nicht verhindern." – „Aber Sie sind dafür verantwortlich. Ist Ihnen das bewusst?" Er nickte. „Ja. Aber ich kann nichts dafür", beharrte er. Ich legte fragend die Stirn in Falten. „Das müssen Sie mir erklären."

Christian fuhr sich mit der Hand über den dunklen Bart, als er sich gedanklich seine Sätze zurechtlegte. Geduldig wartete ich ab. Man merkte ihm an, dass er für gewöhnlich nur sehr wenige Worte über seinen Beruf verlor, wenn überhaupt. „Ich habe in verschiedenen Staaten gearbeitet, bevor ich nach Texas gekommen bin. Einige von ihnen lassen den Insassen die Wahl zwischen der Spritze und dem elektrischen Stuhl", hob er an. „Ich habe bereits beide Arten durchgeführt." Er machte eine kurze Pause. „Den elektrischen Stuhl seltener. Das liegt daran, dass die meisten Hinrichtungen der USA hier stattfinden, also in Huntsville, wo die Giftspritze deutlich gängiger ist. Wussten Sie, dass etwa zwei Drittel aller Todesstrafen auf Texas zurückgehen?"

„Nein, das wusste ich nicht", gestand ich.

Er nickte, als habe er damit gerechnet. „Dann wissen Sie es jetzt."

Im nächsten Moment herrschte Stille. Christian schwieg, als würde er seine berufliche Laufbahn Revue passieren lassen. „Der erste Mann, den ich exekutiert habe, starb auf dem elektrischen Stuhl. Allerdings wählt die Mehrheit der zum Tode Verurteilten die Giftspritze, wissen Sie? Also, wenn sie die Wahl haben. Falls sie die Wahl haben. Sie gilt als ... humaner." – „Und ist sie das?" Er tippte auf den Bericht. „Was glauben Sie?" – „Ich würde zu ‚Nein' tendieren", antwortete ich.

Er lächelte müde. „Ich zu ‚Das kommt drauf an'. Es gibt nicht den einen Giftcocktail, der bei jedem Menschen gleich stark – oder gleich gut – wirkt. Für jede Exekution muss ein neuer zusammengestellt werden. Die drei Chemikalien sind aber meist dieselben. *Midazolam* dient als Betäubungsmittel, damit der Todgeweihte nichts spürt. Anschließend folgt das Lähmungsmittel, damit sein Körper nicht zuckt: *Vecuro*."

„Ich möchte das nicht wissen, Christian", unterbrach ich ihn. „Bitte." Er nickte verstehend. „In Ordnung", meinte er. „Für jede Exekution müssen die Substanzmengen neu berechnet werden. Dies hängt von unterschiedlichen Faktoren ab, unter anderem von der Größe der Person. Bei dem elektrischen Stuhl verhält es sich ähnlich. Die Stärke der Stromstöße habe ich anfangs noch manuell eingestellt, zugegebenermaßen auf gut Glück. Wenn es ein kleiner Kerl war, habe ich ihm weniger gegeben. Man versucht schließlich, den Körper nicht zu grillen." Aufmerksam hörte ich ihm zu, während er seinen Erfahrungsbericht ausbaute. Ich hatte ihn an dem Punkt, an dem ich ihn letzte Woche schon gerne gehabt hätte. Er legte mir offen dar, was seine Arbeit beinhaltete.

„Passiert es öfter, dass Hinrichtungen nicht so verlaufen, wie sie es sollten?" Christian nickte. „Ja. Ich weiß von vielen Fällen, bei denen Probleme aufgetreten sind. Der Sterbevorgang verlängert sich unweigerlich, wenn die Substanzen falsch zusammengemischt oder zu früh verabreicht werden." Er wollte fortfahren, hielt aber inne. „Wollen Sie wissen, was passieren kann? Oder soll ich den Teil überspringen?"

Ich schüttelte den Kopf. „Nein, nein. Fahren Sie fort."

„Erzielt das Betäubungsmittel nicht den gewünschten Effekt, kann es sein, dass der Verurteilte noch bei Bewusstsein ist, wenn die Lähmung der Lunge eintritt. Unter Umständen kann auch eine falsche Injektion für Erschwernisse sorgen. Werden die Mittel versehentlich in Muskelfleisch, statt in eine Vene gespritzt, werden starke Schmerzen verursacht."

„Eine schreckliche Vorstellung ...", bemerkte ich und senkte den Blick auf den Zeitungsartikel. „Wie war es bei ihm?" Christian folgte meinem Blick. „Das *Midazolam* ..." Er korrigierte sich selbst, als er sich ins Gedächtnis rief, dass ich die genauen Stoffbezeichnungen nicht kennen wollte. „Das Narkosemittel war falsch dosiert. Er war bei vollem Bewusstsein."

„Haben Sie es dosiert?", fragte ich und suchte den Blickkontakt. „Ja."

Eine knappe Antwort. Normal hätte ich gedacht, dass er sich zu rechtfertigen versuchte, aber das tat er nicht. Stattdessen hielt er meinem Blick stand, ohne sich selbst verteidigen zu wollen. „Ist Ihnen so etwas schon öfter vorgekommen? Also, so ein Fehler?" Christians Antwort ließ keinen Augenblick warten. „Nein."

Ich nickte. „Es war also das erste Mal?"

Er nickte. „Ja, war es. Wie gesagt. In den meisten Fällen mischt man nach seinem Bauchgefühl. Man vergleicht den Verurteilten möglicherweise mit anderen Sträflingen, die ihm körperlich ähnlich waren und bei denen alles gut gegangen ist. Dann stellt man den Cocktail in etwa so zusammen, wie damals. Bei keinem kann man mit hundertprozentiger Sicherheit sagen, ob er wirklich anschlägt", erklärte er. „Ich konnte nichts dafür, dass es dieses Mal nicht wie gewollt funktioniert hat. Ich hatte einfach Pech. Er hatte Pech." – „Das ist also

Ihre Meinung dazu? Sie trifft keinerlei Schuld an dem Schicksal des Mannes?", stellte ich sicher. „Richtig." Für einen Moment schwiegen wir beide. „Christian ...", hob ich dann an. „Ja, Victoria?" Sein erwartungsvoller Blick lag auf mir.

„Würden Sie sich als Mörder bezeichnen?"

Christians Sichtweise
Ob ich mich als Mörder bezeichnen würde, war die Frage. Würde ich?

Ich brauchte nicht lange darüber nachzudenken. Im Prinzip stand meine Antwort schon seit Jahren fest: Nein. Ich sah mich nicht als Mörder, auch wenn ich vielleicht einer war. Zugegeben, anfangs hatte ich mir die Frage nach dem Richtig oder Falsch oft gestellt, aber mittlerweile ging ich jeden Abend ohne ein schlechtes Gewissen nach Hause. Es fiel mir in gewisser Weise leicht, anderen das Leben zu nehmen. Vielleicht, weil die Insassen den Tod in meinen Augen verdienten, und weil ich nie einen persönlichen Bezug zu ihnen hatte.

Ich betrachtete Victoria, die auf meine Antwort wartete. „Würden Sie?", stellte ich die Gegenfrage. Sie ließ sich Zeit mit ihrer Antwort, aber sie brach den Blickkontakt nicht ab. Ich konnte mir ihre Antwort eigentlich schon denken. Sie war der Grund, wieso ich nie über meinen Beruf sprach. Wieso ich in der Öffentlichkeit vorgab, ein einfacher Gefängniswärter zu sein. Nicht einmal meine Verwandten wussten, was ich tat. Langsam nickte Victoria. „Ja, würde ich."

Ein bitteres Lächeln bildete sich auf meinen Lippen. Natürlich würde sie das. Jeder würde das.

„Aber ich verurteilte Sie nicht, Christian", erklärte sie. „Es liegt in Ihrer Natur. Sie besitzen eine genetische Veranlagung zur Gewalt, auch wenn Sie sich selbst nicht als Mörder sehen." Sie realisierte, dass ich ihr nicht ganz folgen konnte.

„Ich kenne Sie, Christian. Ich habe mich mit Ihnen beschäftigt, lange bevor ich Sie zu einem Gespräch eingeladen habe", hob sie daher an. „Wussten Sie, dass die *APA* im Laufe des letzten Jahrhunderts einen bedeutenden Einfluss auf die Psychologiegeschichte genommen hat?" Ich wollte verneinen, bis ich merkte, dass es eine rhetorische Frage war. Sie erwartete keine Antwort von mir, sondern sprach einfach weiter. „Sie beschreibt ihre Aufgabe darin, das Leben der Menschen mithilfe psychologischer Erkenntnisse zu verbessern. Ich glaube, dass jeder Mensch ein anderes Aggressionsverhalten besitzt, und arbeite an einer Lösung für das erhöhte Gewaltpotenzial einiger weniger." Ich lachte auf.

„Wieso lachen Sie, Christian?", fragte sie. „Ich lache", hob ich an, als ich mich wieder gefasst hatte, und lehnte mich leicht nach vorne, „weil Sie mir weiszumachen versuchen, dass ich alleine aufgrund meiner Tätigkeit aggressiv bin." Victoria verneinte: „Nein, Sie sind nicht aggressiv, weil sie Ihrer Tätigkeit nachgehen. Sie gehen Ihrer Tätigkeit nach, weil sie aggressiv sind. Ich kann es Ihnen erklären, wenn Sie möchten." Bestimmt schüttelte ich den Kopf. „Ganz sicher nicht", sagte ich und erhob mich von meinem Platz, schob den Stuhl an den Tisch. Ich wandte mich um und ging zur Tür, hielt aber noch einmal inne. „Danke für Ihre Zeit, Victoria, aber ich glaube nicht,

dass ich Ihnen eine Hilfe sein kann. Oder sein möchte."
Damit verließ ich das Büro.

Die ganze Sache war mir von Anfang an komisch vorgekommen. Erst belog sie mich, und jetzt tat sie so, als würde sie mich kennen. Kein bisschen kannte sie mich! Ich hätte gar nicht erst herkommen sollen!

Mit einem kräftigen Zug wollte ich die Glastür öffnen, welche sich am Ende des Flures befand. Ich war mir ziemlich sicher, dass ich beim Reinkommen gedrückt hatte, aber sie ging nicht auf, also versuchte ich es doch mit Drücken. Auch das funktionierte nicht.

„Ihr Name ist Christian Steel", erklang es hinter mir. „Sie sind sechsunddreißig Jahre alt und wurden am dritten zehnten einundachtzig geboren." Ich rüttelte an der Tür, dieses Mal energischer. Nichts. Victoria hatte die Sicherheitsverriegelung betätigt. Entgeistert presste ich die Kiefer aufeinander. „Das steht in meiner Akte!", erklärte ich genervt, als ich mich umdrehte. „Jeder, der sie gesehen hat und lesen kann, weiß das!"

Victoria war vor ihrem Büro stehen geblieben, in etwa fünfzehn Metern Entfernung. Meinen Worten schenkte sie keine Beachtung, sondern fuhr ungerührt fort. „Als Sie siebzehn waren, kamen Ihre Eltern ums Leben", hob sie an. „Das steht nicht in Ihrer Akte", fügte sie dann ergänzend hinzu. „Sie wurden ermordet, richtig? Und über ihren Mörder verhängte man das Todesurteil."

Ich spürte, wie langsam die Wut in mir anstieg. Victoria brachte mit ihren Worten Erinnerungen zurück, die ich vor Jahren verdrängt hatte. „Hören Sie auf", bat ich höflich. Ohne Erfolg.

„Kurz vor der Hinrichtung – er hatte bereits auf dem elektrischen Stuhl Platz genommen – konnte sein Anwalt die Aufschiebung der Exekution erzwingen und später eine Milderung der Strafe auf lebenslänglich. Man verlegte ihn in eine gewöhnliche Justizvollzugsanstalt hier in Texas."

Mein Atem beschleunigte sich, je mehr sich der Zorn in mir ansammelte. „Sie sollen aufhören!", grollte ich und machte ein paar Schritte auf sie zu. Ich realisierte nicht, dass es genau das war, was sie erreichen wollte.

„Sie schrieben sich nicht für das College ein, auch wenn sich Ihre Eltern das immer gewünscht hatten. Stattdessen begannen Sie, als Gefängniswärter zu arbeiten." Der Abstand wurde immer geringer. „Nach diversen Versetzungen und Zwischenfällen – ich spare mir die Erläuterung, denn wir kennen Sie beide – fragte Ihr Vorgesetzter Sie an, ob Sie bereit seien, Hinrichtungen durchzuführen. Ohne zu zögern, willigten Sie ein, immerhin war das Ihr Ziel gewesen, nicht?", sie lächelte siegessicher. „Der erste Mann, den Sie im Florida State Prison exekutiert haben, starb auf dem elektrischen Stuhl. So, wie der Mörder Ihrer Eltern es hätte tun sollen." – „AUFHÖREN, habe ich gesagt!", brüllte ich und presste sie gegen die Wand. Mein linker Unterarm drückte an ihren Kehlkopf. „SIE SOLLEN IHREN MUND HALTEN!"

„Wieso auf einmal so … aggressiv, Christian?", fragte sie leise, ihre Stimme war kratzig aufgrund meines Armes. „Habe ich etwa recht?" Als Antwort verstärkte ich den Druck auf ihren Hals. Der Blick aus ihren blauen Augen verriet den Triumph, der sie erfüllte. „Ich sagte doch …", krächzte sie, „Sie besitzen eine genetische Veranlagung zur Gewalt. Sie sind krank, Christian, aber ich kann Ihnen helfen." – „Nein, können Sie NICHT!", knurrte ich und keine Sekunde später landete meine rechte Faust neben ihrem Kopf. Victoria zuckte zusammen, als die Tapete absplitterte, aber sie sah mir weiterhin in die Augen.

„Ich bewundere Sie, Christian", flüsterte sie und rang nach Luft. „Sie sind schlauer, als der Mörder Ihrer Eltern. Niemand wird Sie jemals für Ihren Rachedurst drankriegen können, weil alles, was Sie tun, legal ist." Meine Kiefermuskulatur pochte und das Blut rauschte mir in den Ohren.

„Alles", wiederholte sie leise und schloss die Augen. „Es sei denn, Sie drücken noch ein wenig fester zu und bringen mich um mein Leben."

Zögerlich wanderte ihre Hand zu meinem Arm, wo sie vorsichtig mein Handgelenk umschloss. „Lassen Sie mich los, Christian." Plötzlich: ein gewaltiger Schmerz, der mich auf den Boden zwang. „Das wäre nicht nötig gewesen", hörte ich Victoria in Richtung der Sicherheitskräfte sagen. „Ich hatte ihn unter Kontrolle." Dann wurde mir schwarz vor Augen.

Maja Friederike Rausch

Welt der Literatur

Teil Eins
Der Weg in die Verwandlung
„Heute ist Mutter gestorben. Oder vielleicht gestern, ich weiß es nicht."

Camus lebte jedenfalls noch. Tief in ihm. In seinen Gedanken, in seinen Empfindungen – im Absurden.

Ohne jegliche Regung saß K. auf seiner Bettkante. Sein Leben fühlte sich sinnlos an. Vielleicht erlebte er genau aus diesem Grund von Camus eine solche Anziehungskraft. *Der Fremde* lag zerknickt und aufgeschlagen auf seinem Bett. Er legte sich neben ihn. Ähnlich geknickt und ähnlich fremd.

K., Literaturstudent im ersten Semester, fühlte sich wie jemand, der vor einem unendlich hohen Bücherregal in einer riesigen Bibliothek steht. Je weiter er an der Regalwand hinaufschaut, desto mehr verliert er den Boden unter den Füßen, desto mehr schwebt er in einer Welt der Einbildungskraft, der Fantasie und des Empfindens.

K. suchte sich immer diejenigen Bücher aus, die ihn in seiner Fantasie bestärkten. Je tiefer das Empfinden war, desto eifriger las er und verlor sich in seiner eigenen, selbst konstruierten Welt der Imagination.

Er zweifelte. Der Literatur mit wissenschaftlichen Methoden zu begegnen, war von Anfang an nicht seine Methode. Für ihn war das Lesen von Literatur eine Leidenschaft, die Literatur selber ein Kunstwerk, vor welchem man wie vor einer eindrucksvollen Kathedrale steht, erfüllt von Bewunderung und Ehrerbietung. Sie erschließt sich einem, wenn man in sie eintritt, sich auf sie einlässt und sich ihrer Wirkung hingibt. Dann erst erfährt man eine Offenbarung.

Während er so dasaß, ließ K. seinen Tag Revue passieren. Soeben hatte er eine Parodie von Shakespeare's *Sonett 105* verfasst. Ursprünglich sollte er eine Übersetzung anfertigen, doch nach und nach mutierte jene Übersetzung zu einer vulgären Parodie dieses schönen Sonetts.

K. richtete sich auf, setzte sich an seinen Schreibtisch und nahm nach alter Gewohnheit seinen stumpfen und winzigen Bleistift und ein zerknicktes Blatt Papier zur Hand. Er entfaltete die unvollendete Zeichnung und zum Vorschein kam der berühmte Goethe in Liegepose. Nur ohne Kopf. Oft zeichnete er Gemälde ab. Immer in Schwarz/Weiß. K. zeichnete Kafkas Kopf auf den jungen Goethe. Nun war er zufrieden. Er rahmte seine Zeichnung ein und hängte sie über sein Bett.

Stundenlang betrachtete K. sein Kunstwerk. Er verlor sich in ihm. Er wurde erst wieder in die Realität zurückgeholt, als Marie, seine Mitbewohnerin, trällernd in sein Zimmer schoss, ihn plötzlich bleich ansah und in hysterisches Schreien überging.

K. betrachtete erwartungsvoll Maries Gesicht. Diese blieb jedoch sprachlos und wie angewurzelt stehen. Stattdessen zeigte sie zitternd auf ihn. Er schaute an sich hinab. Jetzt sah er es auch; er spürte es. Sein Körper hatte nun nicht mehr menschliche, sondern ausschließlich animalische Züge. Verwundert betrachtete er seinen käferartigen Körper. Angst ergriff ihn. Er hatte mehr Bedenken, Marie könnte ihn für verrückt erklären, als die Tatsache, dass er fortan seine Existenz als Käfer fortsetzte. Letzteres hätte er nicht für außergewöhnlich gehalten, da er durch die Beschäftigung des Lesens oft nicht mehr zwischen Realität und Imagination unterscheiden konnte.

Er wollte aufstehen, doch es gelang ihm nicht. Sein Körper war schwer und träge. Marie war außer sich. Sie rannte die Treppe hinunter. K. blickte in den Spiegel, um sich zu vergewissern, dass er nur träumte. Doch das Spiegelbild enttäuschte ihn. Statt der dunkelbraunen Locken, dem langen schlanken Körper und den intelligenten Augen schaute ihn ein runder Korpus, viele Beinchen und Fühler entgegen. K. war außer sich. In völliger Verwirrung und Raserei steckte er Kafkas *Prozess* und Bohumil Hrabals Erzählungen mithilfe seiner kleinen Fühler in den Rucksack und kletterte geschwind die Treppe hinunter. Nach jeder Treppenstufe, nach jeder Bewegung wurde er freier, leichter, größer. Er sprang, hüpfte und schwebte durch den unendlichen Raum.

K. erwachte. Er klopfte bei Marie an. Sie saß konzentriert über einem Buch am Schreibtisch, drehte sich überrascht und zerstreut um und fragte ihn, was los sei. K. stammelte nur und lief geradewegs in sein Zimmer. Ihm wurde bewusst, dass es keinen Sinn hatte über das nachzudenken, das Realität hieß und doch so irreal war.

Teil Zwei
The only way to get rid of temptation is to yield to it.
(Oscar Wilde)
K. brauchte einige Zeit, um sich von seinem Alptraum zu erholen. Endlich stand er auf und betrachtete sein

Spiegelbild. Es kam ihm fremd vor. Er bewegte sich und beobachtete gespannt seine Bewegungen im Spiegel. Je länger er das Spiegelbild betrachtete, desto weiter distanzierte er sich von seinem Gegenüber. Plötzlich schreckte K. auf. Er hatte die Zeit völlig vergessen. Er war als Ehrengast auf die Ausstellungseröffnung einer Freundin eingeladen worden. Wenn K. auch sonst nicht von besonderer Bedeutung war, so war er es dieses Mal umso mehr.

Jane, eine Freundin K.'s, war Künstlerin und hatte es geschafft, aus ihrem kleinen Atelier herauszukommen und nun in der Öffentlichkeit ihre Gemälde zur Schau zu stellen. Sie war sehr begabt im Malen und Zeichnen. Sie hatte ein besonderes Talent dafür, ihre Umgebung detailgetreu abzubilden. Jane hatte K. gezeichnet als er noch siebzehn Jahre alt war. Außer K. waren noch zwei weitere Freunde von ihr gezeichnet worden und hingen neben ein paar Landschafts- und Stadtgemälden in ihrer kleinen Ausstellung. Jane lud ihre „Kunstobjekte" bewusst zu ihrer Eröffnung ein, um somit eine gewollte Verbindung zwischen Kunst und Realität zu schaffen. Sie wollte aufzeigen, dass Kunst auch immer gleich das Leben abbildet.

Jane war etwas naiv, nicht besonders intelligent, machte dies jedoch mit ihrer Schwerelosigkeit, ihrem Leichtsinn und ihrer Fröhlichkeit wett. K. mochte Janes Naivität, ihre Offenheit und ihr unnachgiebiges Lächeln. Neben ihr wirkte seine Melancholie, seine Trägheit und sein Pessimismus noch dunkler und mächtiger.

Es herrschte eine aufgelockerte, heitere Stimmung im Ausstellungssaal. Einige Kunstdozenten, Künstler, Freunde, Besucher und Jane selbst tummelten durch den kleinen Saal. Und dann waren da natürlich noch Janes

„Kunstobjekte", unter anderem K. Als Jane ihn erblickte, stürmte sie auf ihn zu, umarmte ihn hastig und stellte ihn ihrem verschrobenen Kunstdozenten vor, der einen unhöflichen und gelangweilten Eindruck machte.

K. stand lange vor seinem Gemälde und versank in seiner Betrachtung. Jane's kleine Schwester Sibyl stand plötzlich neben ihm, zeigte mit ihrem kleinen Zeigefinger auf das Gemälde, lachte und erregte somit Janes Aufmerksamkeit. Jane erschrak, als sie K. neben ihrem Gemälde sah.

K. machte einen sehr viel jüngeren Eindruck als der Mann auf dem Gemälde. Er hatte sich nicht verändert, obwohl er nun 25 Jahre alt war. Stattdessen sah der junge Mann, der ihnen aus dem Gemälde entgegenblickte älter und reifer aus, hatte weniger rosige Wangen und weniger Locken als K., dafür hatte er jedoch an Attraktivität gewonnen. Seine Augen strahlten nicht mehr die kindliche Naivität aus, sondern traten selbstsicher und erfahrener auf. Jetzt sah K. es auch. Der Mann auf dem Gemälde war ohne Zweifel er selber, obgleich in einem anderen Lebensstadium. K. packte eine unerklärliche Angst, die er schon während seines Traumes verspürte. Die Angst, der Realität zu entschwinden und in eine Parallelwelt abzutauchen. Vielleicht war er bereits dort? Er lachte, um glimpflich aus der Situation zu kommen, wusste jedoch nichts zu entgegnen. Er wollte fliehen.

K. rannte. Geradeaus. Links um die Ecke. Rechts um die Ecke. Geradeaus. Rechts um die Ecke. Links um die Ecke und wieder geradeaus.

Teil Drei
Warmes Grün
Ich rannte. Geradeaus. Rechts um die Ecke. Links um die Ecke. Geradeaus. Links um die Ecke. Rechts um die Ecke und wieder geradeaus. Es wurde immer dunkler, immer enger, dichter und schwerer. Meine Umgebung bestand nur aus Ecken, Kanten und hohen Wänden. Warmes Grün erschien mir, als ich plötzlich Rimbaud hinter einer Ecke lauern sah. Er sah jung und dennoch verdorben aus. Wild kreuzten sich in mir alle Farben, alle Empfindungen und meine Sinne spielten mir einen Streich; ein Durcheinander aus allen nur vorstellbaren Reizen. Verlaine zog an meiner Rechten, Baudelaire an meiner Linken und dann war da immer wieder dieser Rimbaud, der mit durchdringendem, fantasierenden Blick durch mich hindurchschaute. Ich glaubte in seinen Augen ein Flehen zu erkennen, auf der anderen Seite etwas Fantastisches, Überdauerndes, Geniales.

Eine kalte, riesige Hand packte mich fest am Arm und drehte mich um. Erschrocken blickte ich in die Augen Dostojewskis. Er führte mich durch enge Gassen, die endlich weiter und schmuckvoller wurden. St. Petersburg glänzte mir mit funkelnder Stärke entgegen. Die Wucht dieses Erlebnisses erdrückte mich beinahe, ich lief, ohne bewusst zu gehen, ich betrachtete, ohne zu schauen und nahm wahr, ohne präsent zu sein. Ich befreite mich nach und nach von den Zwängen meiner menschlichen Existenz, wurde frei und schwerelos. Ich war umgeben von Musik. Klänge, die meine ganze Seele erfüllten, umgaben mich in einer Stärke und Kraft, die ich bisweilen nicht kannte.

Ich kam an einen See. Schwarze, wunderschöne Schwäne tanzten im Silber des Wassers. Eine feine Oboe und viele Rasseln umgaben mich. Tschaikowskis *Spanischer Tanz* betörte meine Ohren.

Ich hörte nicht mehr, ich lauschte nicht mehr der Musik, sondern war in ihr.

Ohne jegliche Regung saß K. auf seiner Bettkante. Sein Leben fühlte sich erfüllt an. Leise vernahm er das Knistern seiner Schallplatte. Er hörte Chopins *Fantasie in f-moll*. Er drehte seine Anlage auf volle Lautstärke. Alle Energie, alle Gefühle und Empfindungen kamen wieder in ihm hervor. Er spürte wieder, war wieder ganz da. K. war nun nicht mehr auf der Suche nach der verlorenen Zeit, sondern im JETZT.

Sandra Schorr

Fünf Gedichte (o.T.)

I
lauschend
den raschelnden blättern
die dir tausend geschichten erzählen
über das leben und den tod
weiser als jeder philosoph
bescheiden
harren sie aus

II
schweigend
über der menge hinweg
steht sie da
in ihrem eigenen stummfilm
farblos zieht alles vorbei

III
zielsicher
geht sie ihren eigenen weg
ignoriert die rufe der
rehe und füchse
der wölfe und vögel
deren rufe aus dem
wald widerhallen
die sie davon abhalten wollen

IV
ein lächeln ziert dein gesicht
passend zu deinen
anderen wundervollen charakterzügen
ach, wie beneide ich deine
beschwingte art
die dich so leicht durchs leben trägt

V
was veranlasst dich zu
abwertendem gelächter
wobei du doch selbst
eine einsame schale
ohne inhalt bist?

Judith Volk

Geschichte auf einem Friedhof

Zum ersten Mal lernte ich sie als Kind kennen. Einfach ein ganz gewöhnliches Kind. Ein Kind wie es sie Tausende gibt. Ein kleines Mädchen mit rosigen Wangen in einem steifen, schimmernd-schwarzen Samtrock. Vielleicht betete der Steinengel vor ihr für besseres Wetter, vielleicht für ein wenig Wärme an diesem feuchtkalten Tag. Nur hoffentlich nicht dafür, dass Großmama wiederkam.

Ich hatte Großmutter nie gemocht. Jedes Mal wenn sie Mama anschrie, zog ich den Kopf ein und hielt mir die Ohren zu, vor meinen Füßen die einzige Freundlichkeit, die sie mir je erwiesen hatte: eine kleine Tüte Pfefferminzdrops zu fünfzehn Pfennig aus dem Gemischtwarenladen der Stadt. Ein Mitbringsel, von dem sie wusste, dass ich es hasste, und das ich dennoch wöchentlich von ihr bekam. Bis irgendwann in ihrem aufgedunsenen Kopf voll Gift etwas platzte. Mitten im Schreien wurde Großmutters Gesicht grau, sie verschluckte sich und fiel zu Boden. Mama hat nur stumm auf sie hinuntergesehen, während ihr langsam Tränen die Wangen hinabliefen. Tränen, die sie noch wegen Großmutters wütender Vorwürfe weinte.

Genau zwei Tage später begruben wir Großmutter. In einem Meer aus Lilien unter einem protzig polierten Marmordeckel, ganz wie sie es sich gewünscht hatte. Während der Regen wie heuchlerische Tränen kalt meine Wangen hinabrann, starrte ich nur auf die weißen Blüten inmitten des regengrauen Friedhofs und wünschte, dass sie niemals zurückkommen möge. Schließlich stahl ich mich mit der untrüglichen Sicherheit eines Kindes, das weiß, dass es weder gebraucht noch wirklich erwünscht ist, davon. Das Weiß der Lilien war nicht mehr zu ertragen, sogar mir erschien es vollkommen deplatziert.

So weiß und falsch wie die Lilien gewesen waren, so schwarz war der Samtrock des Mädchens vor mir. Sie schien in meinem Alter zu sein und stand so starr wie der marmorne Engel, den sie betrachtete. Ich hatte sie noch nie gesehen, aber hier stand sie: Mit einer Natürlichkeit, als würden die verwitterten, ältesten Gräber, die neueren, ungepflegten und die sterilen ganz neuen allesamt ihr gehören. Mit Friedhof, Kirche, Priester und allem Drum und Dran. Ein Puppenhaus des verregneten Todes.

Sie stand so einsam, ich konnte nicht anders, als ein paar Schritte auf sie zu zu machen. Sie sah aus wie die Freundin, nach der ich mich so sehne, die ich aber als Bastardkind nie gehabt hatte und nie haben würde. Vielleicht war also das der Grund, dass ich meine Hand hob, lächelte und ganz allein durch den rauschenden Regen „Hey!" sagte.

Unvermittelt richteten sich ihre Augen auf mich und noch wenn ich heute daran zurückdenke, weiß ich instinktiv, dass sie das besaß, von dem manche Hebammen fast ehrfürchtig sprechen: uralte, wissende, brunnentiefe Augen, die in einem klaren Violett leuchteten wie eine Flamme zwischen Grau und befleckten Weiß. Ich machte den Mund wieder zu, während sie mich prüfend musterte. Dann sah sie wieder zum Engel hinauf, als habe sie befunden, dass er eine interessantere Gesellschaft darstellte als ich.

„Du hast wunderschöne Augen", versuchte ich verzweifelt das noch nicht einmal begonnene Gespräch am Leben zu erhalten. Nur das Schweigen des Marmorengels und das sanfte Tröpfeln des Regens antworteten mir. Ein wenig eingeschnappt betrachtete ich das fremde Mädchen. Kam nicht von hier, hielt sich aber eindeutig für etwas Besseres. Und ich Dummkopf hatte zu hoffen gewagt, dass jemand so perfektes meine Freundin werden könnte … Wütend auf mich selbst und auf Großmutters Stimme, die noch immer in meinen Ohren hallte und mein Leben als wertlos und mich selbst als einen Nichtsnutz wie meinen Vater schimpfte, den ich doch nie kennengelernt hatte, wollte ich ein paar Schritte zurück machen und wieder zu den grauen, alten Menschen vor den weißen Lilienbergen zurückkehren. Da hielt mich eine Stimme zurück. So klar, als habe sie all der Friedhofsregen reingewaschen.

„Sie werden von dir erwarten, dass du weinst."

Ich drehte mich mit einem Anflug von sinnloser Überraschung um. Das Mädchen hatte sich nicht vom Fleck gerührt. Ich machte die Schritte, die ich mich bereits entfernt hatte, zurück.

„Ich werde nicht weinen." Meine Stimme war vollkommen fest, mit der verzweifelten Überzeugung einer Neunjährigen. Ein kindlicher Schwur. Blonde, kinnlange Locken schwangen, als das Mädchen sich zu mir umdrehte und mich ansah. Ihre Augen waren, wenn möglich, noch brennender, tiefer und älter als eben.

„Doch. Das wirst du. Irgendwann." Ihre Stimme war ebenso fest wie meine.

Ich zwinkerte überrascht, als ein kalter Regentropfen auf meine plötzlich warmen Wangen fiel. Dann merkte ich, dass ich mich noch nicht vorgestellt hatte. Großmama sagte immer, anständige Menschen würden andere Menschen anständig grüßen, sich anständig verhalten und sich anständig kleiden. Nur noch ein weiterer Punkt auf der langen Liste, die bewies, dass ich eben nicht anständig war. Und eben deswegen wusste ich überhaupt nicht, was ich jetzt tun sollte.

„Ich bin Rachel. Wir haben gerade eben meine Großmutter begraben. Sie ist vor zwei Tagen umgefallen und gestorben. Ein Schlaganfall. Niemand hat ihr helfen können."

Kurzes Schweigen herrschte. Eigentlich wartete ich darauf, dass das Mädchen sich nun seinerseits vorstellte und mir die Geschichte erzählte, warum sie hier so abwartend vor diesem doch ganz und gar langweiligen Steinengel stand. Aber ihre leise Antwort ließ mich zusammenfahren.

„Nicht dass du das gewollt hättest."

Woher wusste sie das? Und warum sagte sie das so, als sei es vollkommen egal? „Wie heißt du denn? Und wegen wem bist du hier?", versuchte ich das Gespräch umzulenken. Sie hatte mir geantwortet und redete mit mir, auch wenn sie etwas seltsam war. Vielleicht konnten wir ja noch Freundinnen werden. Aber sie seufzte nur einmal ganz sachte. Ein Windhauch inmitten des Regengeflüsters.

„Du kannst mich die Unabwendbare nennen. Ich bin wegen dir hier. Und wegen des Engels. Wusstest du, dass er hier schon seit dem letzten Weltkrieg steht? Er betet für die Seelen der im Krieg gefallenen Soldaten."

Von Weltkriegen und gefallenen Soldaten wusste ich nicht viel zu erzählen, aber ich nickte und lächelte. „Und hast du auch noch einen anderen Namen?"

Schweigen. Regenrauschen.

„Darf ich dich Violetta nennen? Wegen deiner Augen?"

Fast ein wenig verwundert hob das Mädchen – Violetta – eine Hand in ihr Gesicht. Als würde es sie verwirren, dass ihre Augen eine Farbe hatten. Dass sie überhaupt Augen besaß. Aber dann zog ein Lächeln über ihr Gesicht. Sie sah süß aus. Jetzt sah sie sogar lebendig aus.

„Violetta ... Das gefällt mir. Du darfst mich Violetta nennen, Rachel." Ihr Lächeln war ehrlich, man sah es an ihren Augen. Immer noch alte Augen, aber jetzt lachten sie. Wunderschön. Verzaubert faltete ich die Hände.

„Du bist wunderschön."

„Und du bist lustig." Für einen Moment standen wir uns regennass gegenüber und lachten uns an. Violetta lächelte in diesem Moment nur für mich.

„Ich bin hier und du auch. Wir könnten Freundinnen werden. Das war doch das, was du dir gewünscht hast."

Überrascht sah ich sie an. Bevor ich jedoch antworten konnte, hallte auf einmal ein lauter Ruf über den Friedhof. Eigentlich respektlos, hätte Großmama bestimmt geschimpft. So auf der letzten Ruhestätte vieler anständiger Menschen herumzulärmen. Wie ich diese Anständigkeit hasste.

„Rachel, komm her!"

Ich wandte den Kopf und sah Violetta verzweifelt an. Sie hatte eine Hand ausgestreckt und lächelte wieder auf ihre wundervolle Weise. Zögerlich hob ich meine eigene, kalte Hand und sah sie an.

Die Stimme meiner Mutter rief mich fort. Aber Violetta stand vor mir, wollte meine Freundin sein, wollte … Ja, was?

„Komm mit mir. Wir könnten richtige Freundinnen werden", flüsterte ihre Stimme einladend in meinen Ohren.

„Rachel!"

Violettas blasse Hand war immer noch nach mir ausgestreckt. „Lass uns spielen gehen. Wir könnten für immer zusammen sein. Du brauchst nicht zurückzugehen." Ihr Lächeln war sanft, als wisse sie in welch schrecklichem Zwiespalt ich mich befand. Eilig drehte ich mich zu ihr um.

„Ich könnte dich Mama vorstellen. Wir könnten danach spielen." Mehr als ein solcher Kompromiss fiel mir nicht ein, aber Violetta senkte ihren Kopf.

„Ich kann nicht mit dir kommen."

Verwirrt streckte ich eine Hand aus und legte sie auf ihre Schulter. Sie war kühl und nass. Wie der Marmorengel, der nicht auf uns hinuntersah und immer noch betete.

„Aber warum denn nicht?"

„Ich kann nicht."

„Hör mal", begann ich, „ich muss zu meiner Mutter zurück. Aber wir sind doch Freundinnen? Also können wir uns ein anderes Mal sehen. Nicht wahr?" Ich konnte Mutter jetzt nicht allein lassen. Mit all diesen trauernden Freunden von Großmutter, die sie so verachteten. Dafür, dass sie Großmutter und ihre Wut überlebt hatte, hassten sie sie. Aber ich liebte sie dafür. Und konnte sie deswegen genau jetzt nicht allein lassen. Auch wenn ich so gerne mit Violetta gegangen wäre.

Stumm sah sie auf ihre kleinen, spitzhackigen Schnürstiefeletten hinab. Für einen Moment dachte ich, ich hätte sie verärgert, aber dann hob sie den Blick wieder und sah mich an.

„Du hast wahrscheinlich recht. Wir können ein anderes Mal spielen." Trotz ihres bekräftigenden Nickens sah sie traurig aus. Der Anblick brach mir schier das Herz, aber als meine Mutter mich ein letztes Mal rief, drehte ich mich um und lief los. Als ich zurücksah, hatte Violetta eine Hand gehoben und winkte schwach. Ich lächelte, als ich zurückwinkte, so heftig, das ich beinahe ausgerutscht und der Länge nach in eine der Friedhofspfützen gefallen wäre. Ich hatte eine Freundin! Wir würden uns wiedersehen. Ich war nicht mehr allein auf dieser Welt. Und meine Mutter war es auch nicht. Sie hatte mich. Sie war nicht allein, wie Großmutter immer behauptet hatte. Ich würde meine Mutter nicht verlassen, selbst wenn mir das den Hass der ganzen Dorfgemeinschaft einbrachte. Für meine Mutter verließ ich Violetta, das Marmorengelmädchen mit den blonden Locken, meine Friedhofsbekanntschaft. Meine Freundin. Sie ließ mich gehen.

Wie sehr ich es später bereute.

Ich kehrte mit Mutter aus der feindseligen Atmosphäre des Grabschmauses in das leere Haus heim, das nur noch schwach nach Großmutter roch. Nach ihren Kleidern, ihrem Parfüm, ihren Pillen, die sie regelmäßig gegen ihr schwaches Herz hatte nehmen müssen und die ihr letztlich doch nichts gebracht hatten. Und ein wenig nach Pfefferminzdrops, die man für fünfzehn Pfennig im Gemischtwarenladen der Stadt bekam. Jetzt würde alles besser werden, glaubte ich mit dem naiven Optimismus der Neunjährigen. Ich hatte eine Freundin gefunden, Großmutter war tot, und Mutter würde eines Tages wieder lachen können. Wir würden die Fenster aufreißen, lüften, und ein neues Leben würde beginnen, wenn wir den Staub der vergangenen Jahre ausschüttelten.

Aber im Gegensatz zu meiner Großmutter, die in meinen Träumen lebhaft mit mir zu sprechen begann und immer, immer wieder dasselbe Wort wiederholte, obwohl sie doch tot, begraben und vergessen war, schwieg meine Mutter. Sie lag einfach auf dem Sofa unseres Wohnzimmers, starrte ins Dunkel und flüsterte atemlos nur ein einziges Wort. Als wäre nicht Großmutter diejenige, die an diesem Tag gestorben war, sondern sie.

Nach wenigen Tagen glaubte ich, an all dem Tod in unserem Haus zu ersticken, und floh, ohne zurückzusehen. Ausgerechnet auf den Friedhof in der Hoffnung dort vor dem Marmorengel Violetta wiederzusehen.

Die Sonne schien auf die marmorne Platte über Großmutters Grab, als ich einen Kieselstein zwischen die langsam verwitternden Lilien kickte. Aber als ich vor dem betenden Engel stand, war weit und breit keine Violetta zu sehen. Niedergeschlagen kehrte ich nach Hause zurück. Mutter saß, wie ich sie verlassen hatte, auf dem Sofa und hielt sich die Ohren zu. Ich kochte Tee und überlegte, ob Violetta mich vergessen hatte. Ob wir keine Freundinnen waren. Dabei waren ihre Augen so bitterernst gewesen. Sie konnte nicht gelogen haben. Vielleicht würde sie morgen da sein.

Diese Hoffnung trieb mich an, und auch am nächsten Tag befand ich mich zur Nachmittagszeit auf dem alten Friedhof. Der Himmel war bedeckt, lediglich der alte Friedhofsgärtner Johnson arbeitete stumm zwischen den Kieswegen. Als er mich sah, brüllte er mich an, ich solle mich fortscheren, hier werde nicht gespielt. Aber in meiner verzweifelten Hoffnung nahm ich allen Mut zusammen und fragte nach Violetta. Sein rotes Gesicht nahm für eine Sekunde einen verwirrten Zug an, als er sich zu mir herunterbeugte und mich mitsamt meiner abgewetzten Kleidung musterte, in der ich wie der Tagedieb aussah, der ich war.

„Ich arbeite seit mehr als dreißig Jahren jeden Tag auf diesem Friedhof. Ich kenne jeden, der hier liegt, und alle Stammgäste. Aber ein kleines Mädchen mit violetten Augen habe ich noch nie gesehen. Du suchst am falschen Ort. Und jetzt verschwinde! Das ist kein Platz für Nichtsnutze, die den Toten nicht die gebührende Achtung erweisen."

Ich schlich davon, wohl wissend, dass ich keine Chance haben würde, morgen auf Violetta zu warten. Immerhin gab es für mich, nichts Vernünftiges auf diesem Friedhof zu tun. Keine Ausrede, die ich vor Johnson gebrauchen konnte, um nicht wieder von Violetta erzählen zu müssen, die er für ein Hirngespinst zu halten schien. Aber unser Heim war erdrückend. Ich hielt es nicht aus, in das leere, dumpfe, vom Geist der Großmutter erstickte Haus zurückzukehren. Ich musste ein anständiger Mensch werden, um den anständigen Friedhof betreten zu dürfen und eine Chance zu haben, Violetta wiederzusehen.

Aus dieser Erkenntnis entwickelte ich meinen Plan.

Von diesem Tag an zog ich jedes einzelne Mal, wenn ich von der Schule nach Hause kam, meine besten, schwarzen Sachen an. Und Nachmittag für Nachmittag kniete ich vor Großmutters verhasstem Grab, harkte, pflanzte neue Blumen, riss Unkraut aus und polierte den weißen Marmor, in dem sich ihre Selbstzufriedenheit zu spiegeln schien. Ob es stürmte oder schneite, regnete oder hagelte, ich war pünktlich am quietschenden Friedhofstor, auf dem Arm eine Gießkanne, eine Harke, Blumen oder Gestecke. Ich kümmerte mich rührend um das Grab der Frau, die mich gehasst hatte. Ich war anständig, und wenn Mister Johnson vorbeikam, grüßte ich ihn höflich, und er ließ sich zu einem wohlwollenden Brummen herab.

Aber Violetta sah ich nicht.

Mutter saß murmelnd auf dem Sofa, während ich mein Leben an ihr vorbei lebte und ihr abends sagte, dass es Zeit sei, schlafen zu gehen. Das war das Einzige, worauf sie zuverlässig hörte. Dann erhob sie sich schwerfällig, um sich notdürftig zu waschen und schließlich ins Bett zu fallen. Wenn sich ihre Augen schlossen, wirkte sie genauso tot, wie Großmutter in ihrem Sarg. Aber ich gab ihr Abend für Abend einen Gute-Nacht-Kuss und deckte sie zu, um in meinem Bett vor dem Einschlafen zu beten, dass ich morgen, morgen endlich Violetta sehen würde. Jeder Tag konnte der sein, an dem sie zurückkam. Wenn ich nur immer auf dem Friedhof war und auf sie wartete, würde sie auch irgendwann kommen. Es war alles, was ich zu glauben übrig hatte, während der Rest der Welt in Schwarz unterging.

Aber eines Nachmittags, als ich in meinen ordentlichen, schwarzen Sachen an meiner Mutter vorbeiging, schreckte sie auf. Sie sah mich, sah meine schwarze Kleidung und die Grabblumen in meiner Hand. Ganz langsam, wie hypnotisiert, streckte sie eine ihrer mit der Zeit durchscheinend gewordenen Hände nach mir aus und flüsterte: „Was tust du mit diesen Blumen, Kind? Wo gehst du hin?"

Ich sah sie an, lächelnd, weil sie von sich aus gesprochen hatte.

„Ich gehe Großmutters Grab pflegen, Mama. Die Blumen sind für sie." Ich lächelte immer noch, als sich ihre Augen verengten und sie nach Luft schnappte, sich taumelnd erhob. Ich lächelte nicht mehr, als sie mir die Blumen aus der Hand riss und zu schreien begann. Sie schrie, während sie die Blütenblätter zerfetzte, sie schrie, während sie um sie herum zu Boden fielen wie Schnee aus weißen Lilienblüten, und sie schrie, während sie meine Harke zerbrach und gegen die Wand warf. Die ganze Zeit schrie sie.

„Wie kannst du? Wie kannst du nur? Ausgerechnet du! Ausgerechnet du?"

Ihre Worte ergaben keinen Sinn, und als sie schließlich ausgelaugt, ausgeschrien auf dem Sofa zusammensank, standen ihre Augen blicklos weit offen, wie bei einem totgeschossenen Kaninchen. Sie sah wieder durch mich hindurch, wie ich anständig gekleidet, verkleidet, zitternd und weinend vor ihr auf dem Boden kniete.

Nach einer Woche holten sie Mutter ab. Sie hatte nicht mehr gegessen, war nicht mehr ins Bett gegangen. Sie hatte nicht einmal mehr das eine Wort geflüstert, an dem sie sich seit dem Begräbnis festgeklammert hatte. Ich sah ihr aus nun gleichfalls blicklosen Augen hinterher, wie sie sie sanft in den schwarzen Wagen führten und mit ihr davonfuhren.

Ich kam zu Pflegeeltern, die es gut mit mir meinten. Sie tolerierten, dass ich mit meinen Friedhofsgängen fortfuhr. Zwar reagierten sie ein wenig pikiert, als ich mit vierzehn Jahren ausschließlich schwarz zu tragen begann. Aber es waren gute Menschen, die, wenn sie schon nicht mich liebten, wenigstens die Vorstellung, dass sie an mir eine gute Tat vollbrachten.

Jeden Nachmittag war ich auf dem Friedhof. Ich wartete auf die vertraute, schwarze Silhouette, die eines Tages kommen würde, damit ich sie ansprechen konnte. Ich wartete auf Violetta, und ich gab nicht auf.

Mister Johnson, der mir mit der Zeit ein guter Freund geworden war, starb als ich zwanzig war. Ich bewarb mich an seiner Statt um die Stelle des Friedhofsgärtners. Sie war schlecht bezahlt, aber ich bekam sie. Fortan lebte ich in einem kleinen Haus neben den ganzen Gräbern. Großmutter ging ich immer noch jeden Tag besuchen.

Ein Jahr später beerdigte ich meine Mutter in einem Meer aus Lilien. Sie lag in Weiß da. Das vollkommene Gegenteil der tiefschwarzen Umnachtung, in der sie sich bis zum letzten Tag ihres Lebens befunden hatte.

Ich weinte nicht. Das hatte ich all die Jahre nicht getan. Genau wie ich es Violetta damals geschworen hatte. Ich weinte auch nicht, als ich in den Regen hinaufsah und mir der Sinn des Wortes in den Sinn kam, das Mutter geflüstert hatte, all die Tage geflüstert hatte, bevor sie ganz stumm geworden war. Das letzte Wort von Großmutter.

„Mörderin."

Ich lächelte. Zu Mutter passten weiße Lilien viel besser als zu Großmutter. Großmutter war eine kranke, alte Frau gewesen. Hätte sie ihre Pillen nicht genommen, wäre sie sicherlich viel früher gestorben. Weiße Pillen, die genauso aussahen wie die Pfefferminzdrops, die man im Gemischtwarenladen der Stadt bekam.

Wer Mutter dieses Wort auf der Beerdigung zugeflüstert hatte, wusste ich nicht. Ich würde es auch nie wissen, war nicht dort gewesen. Sicher hätte ich es auch nie erfahren, wenn ich dabei gewesen wäre. Von Kindern erwartete man, dass sie die Gespräche der Erwachsenen überhörten.

Die wenigen Gäste, die zur Beerdigung gekommen waren, waren längst wieder gegangen. Ich war allein mit dem Grab meiner Mutter, das direkt neben Großmutters lag. Jetzt war sie wieder mit ihr vereint. Andererseits schien sie sie doch niemals losgeworden zu sein. Das, was von ihr in Mutter übriggeblieben war, hatte sie neben der Erkenntnis der Schuld langsam, aber sicher umgebracht.

Als ich hinter mir Schritte hörte, lächelte ich. „Du bist gekommen."

Sie war älter geworden, genau wie ich. Auch wenn ich mir jetzt sicher war, dass das alles nur eine Maske war. Aber ihre Augen, ihre Augen … An ihren Augen hätte ich sie immer erkannt.

„Violetta!"

Vor mir stand eine schlanke, junge Frau in meinem Alter. Der Bobschnitt ihrer blonden Locken wurde vom Wind zerzaust, der über die Gräber strich und die Vorahnung von Regen mit sich trug. Sie lächelte mich an, als sie eine Hand ausstreckte.

„Wirst du jetzt mit mir kommen? Wir können für immer zusammen sein."

Langsam hob ich meine Hand. „Du bist immer noch meine Freundin nach all der Zeit?" Sie musste viele Freunde haben, viele wie mich. Ich wusste es, weil ich wusste, wer sie war.

„Du hast mir einen Namen gegeben und wolltest mit mir spielen. Du bist meine einzige Freundin. Für alle Zeit." Ganz langsam schlossen sich ihre schmalen, marmorblassen Finger um meine. Eine Berührung, auf die wir beide gewartet hatten. Ich sah auf die beiden Gräber inmitten weißer Lilien hinab. Hand in Hand standen wir davor, schwarz, der größte nur vorstellbare Kontrast.

„Du wirst mich nicht dorthin bringen, wo sie sind?"

Sie schüttelte den Kopf. „Natürlich nicht. Du bist meine Freundin, also wirst du bei mir sein. Für immer."

Ich atmete auf und sah ein letztes Mal hinab. Aus meinen sich lösenden Fingern kullerten kleine, weiße Pillen. Pfefferminzdrops für fünfzehn Pfennig die Tüte. Ihr gleichmäßiges Klackern formte ein Wort, ein einziges Wort, aber ich hörte es schon nicht mehr. Violetta lachte auf und packte meine andere Hand, zog mich mit, am marmornen Engel vorbei, weiter und weiter. Ihr Lachen klang in meine Ohren, ich stimmte ein und ließ mich mit geschlossenen Augen ziehen, während sie vor meinem inneren Auge wieder zu dem Kind wurde, als das ich sie kennengelernt, lieben gelernt hatte. Und als ich sie wieder öffnete, war die junge Frau verschwunden, als die ich sie erkannt hatte, und wir waren das, was wir schon immer hatten sein sollen und was wir von nun an immer sein würden: Freundinnen.

Auf einem frischen Grab mischen sich Lilien mit kleinen weißen Pfefferminzbonbons. Sie beginnen sich aufzulösen, als mit einem herbstlichen Nebel auch etwas Regen aufkommt. Er tröpfelt auf die Grabsteine und trifft den dicken Stoff eines schwarzen Wollmantels. Das Haar der jungen Frau legt sich wie ein schwarzer Heiligenschein um ihr Gesicht, wie sie dort regungslos auf dem Weg liegt. In ihrer linken Hand hält sie ein kleines Medizindöschen, das der Aufschrift nach wohl einmal ein Herzmedikament enthalten haben muss. Es ist vollkommen leer. Über ihre Lippen streift der Nebel und verschleiert ein wenig ihr glückliches Lächeln, das wirkt, als habe sie lediglich einen schönen Traum. Dann weht der Wind von sehr fern das Lachen zweier Mädchenstimmen heran. Es verklingt, und die Gräber sind allein mit der Leiche, die vor ihnen liegt.

Die ausgewählten Texte

(in alphabetischer Reihenfolge)

Sofie Bernhart

Elia

Worte. So irrelevant und doch so kraftvoll. Sie haben dich immer fasziniert. Du liebtest sie und formtest sie, wie den Teig der Kekse, die du immer kurz vor Weihnachten gebacken hast. Oder wie den Sand, den du am Strand oder in dem kleinen Sandkasten auf dem Spielplatz unserer Straße zu Burgen geformt hast. Wenn du denn hinausgingst. Worte waren deine Freunde, deine Waffen, dein Sinn. Doch dann hörtest du auf, deine Gabe zu nutzen. Statt zu sprechen, saugtest du Krebs aus Glimmstängeln, statt zu schreiben sahst du nur ins Leere. Eines Tages sagtest du mir, dass du weg von hier wolltest. Erinnerst du dich daran? Es ist so lange her. Aber ich verstand dich. Natürlich. Wer würde denn schon hier sein wollen? Damals wusste ich noch nicht, dass mit dir jeder Ort in Ordnung wäre. Solange du nur da wärst. Mit dir wäre alles in Ordnung. Doch du definiertest weg wohl anders als ich.

Die Sommersonne brannte heiß auf uns herab und du meintest leise, dass wir bald schmelzen würden. Nickend gab ich dir recht und sah dich stumm von der Seite an. Dein Haar, das du dir selbst geschnitten hattest, da es dir zu lang war, fiel dir in das schmale Gesicht mit den zahlreichen Sommersprossen. Du sahst zu mir, deine Mundwinkel hoben sich, und es fühlte sich so an, als ob es nur dich und mich gäbe, verloren in unserer eigenen Welt, an diesem Sommertag. Selbst wenn alles dunkel wäre, du wärst da, mit den Sternen in deinen Augen und der kleinen Narbe über deiner Nase. Plötzlich standst du auf, nahmst mich bei der Hand und zogst mich hinter dir her. Bis zu einem Feld, vielleicht fünfhundert Meter von unserem vorherigen Platz entfernt. Du lächeltest eines deiner seltenen Lächeln und zeigtest auf den Klatschmohn, welcher aus zahlreichen grünen Stellen heraustach. „Ich mag diesen Platz. Und den Mohn. Mohnblumen sind meine liebsten Blumen." Und ich nickte nur wieder, überwältigt von deinem Lächeln. Der Drang, etwas zu tun, kam in mir auf und diesmal war ich an der Reihe, deine Hand zu ergreifen. Deine Hand lag gut in meiner, unsere Finger waren verschränkt, während wir rannten. Wind kam auf und zerwehte unsere Haare und meine Gedanken.

Später, als die Sonne bereits unterging, sagtest du mir, wie gern du mit dem Wind verschwunden wärst. Bis zum Herbst habe ich nicht daran gedacht, sondern es in meinen Hinterkopf gedrängt. Schließlich sagtest du es lächelnd. Und dein Lächeln überzeugte mich davon, dass alles gut werden würde. Doch im Herbst, während die Bäume ihr Blätterkleid abwarfen und der kalte Wind deine Lippen zum Aufplatzen brachte, dachte ich unweigerlich wieder daran. Während es immer kälter wurde, Kürbisse ausgehöhlt wurden, wie Menschen im Krieg, und der Tod seine bunte Seite zeigte, saßen wir in meinem Wohnzimmer. Im Kamin knackte das tote Holz und du erzähltest mir, dass bei dir noch Fruchtfliegen lebten. Du fragtest rhetorisch, warum sie denn noch leben würden. Als ich unnötigerweise antwortete, dass sie wahrscheinlich in der Obstschale auf deinem alten Küchentisch überlebt hatten, schwiegst du kurz. Und dann, fast plötzlich fragtest du mich das Gleiche, nur auf dich bezogen.

Vor dem Feuer, neben mir, fragtest du, weshalb du denn noch leben würdest. Meine Augen waren vor Schreck leicht geweitet, du sahst mich an. „Weil ... du wundervoll bist. Und ... ich brauche dich." Wieder zierte ein Lächeln dein Gesicht, doch es konnte das mulmige Gefühl in mir nicht ganz betäuben.

Nun liegt Schnee, aber nur noch wenig. Er wird wohl bald schmelzen. Den ersten Schnee dieses Jahres haben wir zusammen erlebt. Die Sterne in deinen Augen haben geglänzt, deine Wangen waren gerötet und meine Sorge war vergessen. Doch langsam entferntest du dich von mir, meintest ständig, dass du krank seist und sagtest mir zuletzt, dass du mich lieben würdest. Ich wusste jetzt, was ich damals hätte erwidern können, doch nun weiß ich, was die richtigen Worte gewesen wären. Dass jeder dich vermissen würde. Auch wenn du anderer Meinung warst.

Jetzt bist du vor fast vier Wochen einfach gegangen und nicht nach Hause gekommen. Die Suchhunde fanden deine Hülle im schwindenden Schnee. Dein Blut färbte ebendiesen rot; es hatte sich wie Rosen im Schnee ausgebreitet, als es deinen sterbenden Körper verließ. Man gab mir einen Brief, welchen ich einfach nicht öffnen kann. Immer wenn ich es versuche, zittern meine Hände zu sehr. In deiner etwas unordentlichen Schrift steht mein Name auf dem Umschlag, zusammen mit meiner Adresse. Mein Vorname, Mitch, ist in der Mitte etwas verschwommen, so als ob eine deiner zahlreichen, stummen Tränen darauf gefallen wäre. Wenn ich den Brief öffne, verschwindet wohlmöglich das, was von dir darin übrig geblieben ist. Die rote Mohnblüte, die auf den Umschlag gezeichnet wurde, leuchtet mir durch den Schleier der Tränen entgegen.

Seit du weg bist, leuchten die Sterne für mich kaum noch.

Ich vermisse dich, Elia.

Celina Blum

Geburt

An einem unbekanntem Ort zu einer unbekannten Zeit, ein Gespräch mit drei Teilnehmern.
Lauf! Lauf, Kind, lauf!
Siehst du nicht, dass *sie* dich jagen? *Sie* sind hinter dir her, und wir wissen beide, dass dies kein gutes Ende nehmen kann.
Wenn *sie* dich einmal gefangen haben, dann gibt es kein zurück.
    Aber, warum sollten *sie* etwas von mir wollen?
        Ich bin doch nur ein Kind.
Warum *sie* etwas von dir wollen? Göttin, haben sie dir denn nichts beigebracht, dort draußen, in euren Luftschlössern?
    Luftschlösser? Was für Luftschlösser denn bitte?
Natürlich heißen sie nicht wirklich so, aber es gibt viele Dinge, deren richtiger Name hier nicht benutzt wird, und ich wette, auch das Gegenteil ist der Fall.
Und ja, bist du keiner von *ihnen*, du warst es nie, also lauf Kind! Renn, solange du noch die Chance dazu hast.
Sie wollen, dass du einer von *ihnen* bist, auch wenn dies nicht der Fall ist.
So zu tun als ob, wird dich nur schmerzen, auch wenn es erst wie eine Erleichterung erscheinen mag.
Ich verspreche dir, *sie* lassen keine Gnade walten, nur weil alle dachten, dass du mal zu *ihnen* gehört hast.
                      Stopp!
                      Halt!

Warte!
Nein.
Hör nicht auf Angst.
Renn.
Renn, wenn du weißt, was gut für dich ist.
    Weißt du es? Ich weiß es nämlich nicht.
Renn, als ob deine Füße von der Luft getragen werden.
Als ob etwas Großartiges auf dich wartet.
Als ob kein Ballast auf dir liegt.
Renn, mein Kind.
Lauf, lauf wie der Wind.
Lauf, bis du die Welt um dich nicht mehr erkennst.
So weit du kannst und immer einen Schritt weiter.
    Bist du nun komplett verrückt geworden?
    Du kannst dem armen Kind doch nicht sagen, dass es alle Grenzen überschreiten muss!
Doch. Genau das tue ich.
    Wahrscheinlich haben *Sie* recht.
Denkst du das wirklich, Angst? Bist du wirklich der Meinung, *sie* meinen es gut mit ihren lächerlichen Regeln und Grenzen?
    Aber diese Regeln und Grenzen, sie existieren aus einem guten Grund!

Ach, wirklich?
Und der wäre?
    Selbstverständlich situationsbedingt.
Dann mach ein Beispiel aus der momentanen Lage des Kindes.
    Oder tu das nicht.
    Es tut mir leid, Kind, aber es muss sein.

Diese bestimmten Regeln und die Grenze sind da, um das Kind zu schützen.
Wovor denn?
Vor sich selbst.
Nun, dass ist völliger Blödsinn.
Wieso sollte es dem Kind schaden, es selbst zu sein?
Da hat Mut schon irgendwie recht, Angst, meinst du nicht?
Ach, papperlapapp!
Vorsicht ist gut und Regeln …
Sind dafür da, gebrochen zu werden.
… gibt es aus einem Grund!
Manche, vielleicht, aber diese hier?
Längst überholt. Sie gehört in ein anderes Zeitalter.
Und das muss sich immer weiter und weiter nach vorne wagen, sonst stagniert alles!
Eine einzige Lüge, krieg dich wieder ein.
Ich finde schon irgendwie, dass Mut nicht unrecht hat.
Ach wirklich?
Ich bin dein wahrer Freund im Leben.
Ich bin es, der dich tagtäglich vor allen Gefahren beschützt.
Und das ist der Dank?
Niemand sagt, dass du immer falsch liegst, Angst.
Aber hier, hier ist es wichtig, den Schritt zu wagen.
Warum das denn bitte?
Es gibt genug andere, die diesen Schritt zuerst tun und es für uns alle sicherer machen sollten.
Wenn wir keinen Schritt wagen, dann können wir ihn auch von sonst niemandem verlangen.

Mut hat schon recht.
Gut! Dann macht doch!
Werft alle Vorsicht aus dem Fenster!
Aber behauptet ja nicht, ich hätte euch nicht gewarnt, wenn ihr zu mir zurückgekrochen kommt.
Ich verspreche, falls es sich herausstellt, dass du recht hattest, Angst, sage ich es dir.
Ich verlange allerdings das Gleiche von dir.
Abgemacht.
Ich kann dich wirklich niemals umstimmen, wenn du vollkommen überzeugt bist, oder?
In der Tat.
So ist es.
Mut, Angst, seid ihr bereit?
Ich werde nun den Schritt wagen.
Ich bin stolz auf dich!
Viel Glück!

Zu einem späteren Zeitpunkt an dem gleichen Ort und mit identischen Gesprächsteilnehmern.
Ich gebe es zu, Mut.
Du hattest recht.
Das Kind hat wirklich von diesem Schritt profitiert.
Sagte ich doch.
Keinen Streit, bitte, ja?
Nicht an so einem wundervollen Tag wie heute!
Alle wissen endlich, dass ich nicht so bin, wie alle dachten.
Ich bin nur ich, ein Kind.
Kein Sohn, keine Tochter.
Keine Schwester, kein Bruder.

Es gibt nur mich, so wie ich bin.
Und ich bin froh, dass meine Mutter und meine Schwester mich so akzeptieren, wie ich es bin.
Ein Kind.
Ein Mensch.
Sonst nichts.

Carina Caspers

Tänzerin

Die Tänzerin betritt die Bühne. Alle Augen richten sich auf sie und Stille kehrt im Saal ein, während sie sich in Position bringt. Alle Scheinwerfer richten sich auf sie und die Musik beginnt. Sie schwebt über die Bühne wie in Trance. Jede Bewegung wie vorgegeben. Sie bemerkt die abschätzenden Blicke, versucht, sie aber auszublenden. Sie darf sich nicht von ihnen beirren lassen. Sie darf keine Fehler machen. Sie darf nicht zögern. Sie tanzt wie an unsichtbaren Fäden, wie eine Marionette.

Sie wohnte in einer kleinen Wohnung. Sie lebte mit wenigen Möglichkeiten. Sie besaß ein kleines Leben. Unbedeutend wie ein Hauch. Nicht gesehen wie ein Staubkorn am Wegesrand. So würde auch ihr Leben vergehen. So würde auch sie vergehen, ohne je gelebt zu haben. Immer wieder durchlebte sie dasselbe. Tag für Tag agierte sie im selben Rhythmus, bewegte sich mit achtsamen Schritten durch ihre Welt, immer auf jede Bewegung achtend. Sie wusste, sie durfte keine Fehler machen, denn ohne eine Rückversicherung, ohne eine Möglichkeit, konnte jeder Fehler fatal sein. Keine Familie war ihr mehr geblieben. Sie war vergangen im ewigen Tanz des Lebens, wie auch sie vergehen würde. Sie würde einfach aufhören zu existieren, zu leben und kein Glaube oder Traum konnte dies verhindern. Sie war eine nicht relevante Existenz. Eine kleine Existenz, die in einer großen Stadt als eine Tänzerin ohne Namen lebte. Sie tanzte auf der Schwelle zwischen Verzweiflung und Gleichgültigkeit. Doch sie wagte nicht, die dünnen Fäden zu zerreißen, die sie an die sich zu schnell wandelnde Gesellschaft banden. Dünne Fäden hielten sie in ihrer Position, wie eine Marionette. Erwartungen, Normen, Ängste. Sorgfältig mit der Zeit gesponnene Fäden, die sich im Laufe ihres Lebens immer weiter in ihr Fleisch geschnitten hatten.

Die Tänzerin dreht im Takt der Musik eine Pirouette. Sie darf die Balance nicht verlieren, sie muss im Rhythmus bleiben, obwohl sich die Welt so schnell an ihr vorbeidreht, dass sie nichts mehr erkennen kann. Doch sie vollendet ihre Drehung und kommt mit einem eleganten Ausfallschritt zum Stehen. Sie verliert nicht das Gleichgewicht und unterbricht auch nicht ihren Tanz unter den prüfenden Augen der Zuschauer. Sie hört kaum noch die Musik. Hört kaum noch ihre lieblichen Klänge. Tanzt nur wie vorgegeben, ohne die Herrlichkeit in ihren Bewegungen zu erkennen. Gedankenlos.

Sie verließ wie immer morgens ihre Wohnung und begab sich zu ihrem Nebenjob, welchem sie tagsüber nachging, um genug Geld zu verdienen, ihr allzu erbärmliches Leben zu führen. Es reichte, doch nur knapp. So betrat sie tagsüber eine für das nackte Auge unsichtbare Bühne. Drehte sich um sich selbst und tanzte. Unaufhörlich bewegte sie sich im Takt der lautlosen Musik. Alle Augen beobachteten klammheimlich ihren Schritt. Wie Schatten urteilten sie über sie. Leise flüsterten sie in den Ecken der Häuser. Schlichen sich in ihre Ohren vom Wind herübergetragen. Unerbittliche Worte, die sie bis nachts in ihr Bett und ihre Träume verfolgten. Sie an sich zweifeln ließen, sie zum Straucheln brachten. „Nichts kann sie", flüsterten sie ihr nach, „hat vollkommen die Kontrolle über ihr Leben verloren." Sie schimpften sie nutzlos und sie glaubte ihnen. Sie weinte innerlich stille Tränen, doch durfte sie diese nicht zeigen, denn sie wäre sonst zerbrochen. Ihr war klar, dass, wenn sie einmal Schwäche zuließ, sie sich nie wieder davon erholen würde. Sie wäre schon längst gestürzt und in sich zusammengefallen, wenn sie nicht durch die unsichtbaren Fäden aufrecht gehalten würde. Doch sie wusste nicht mehr, ob dies ein Segen oder ein Fluch war. Zu tief hatten sie sich schon in ihr Fleisch gefressen. So viel Schmerz, den sie kaum mehr ertragen konnte.

Die Tänzerin setzt zu einem Sprung an. Die Zuschauer lehnen sich in ihren Sitzen leicht nach vorne, wollen sie doch genau sehen, ob ihr der Sprung gelingt. Wollen sie doch nicht verpassen, wie sie stolpern und stürzen könnte. Wollen sie doch nicht ihr Scheitern verpassen. Die Tänzerin springt und landet geschmeidig, ohne zu fallen. Sie kann ihr Tempo beibehalten und muss nicht innehalten. Sie tanzt weiter, als ob nichts gewesen wäre. Auch jeder folgende Sprung gelingt ihr ohne erkennbare Mühe, doch zittert sie für alle unbemerkbar unter ihrer Maske, welche sie immer auf der Bühne trägt. Eine Maske, die keine Schwäche zeigt. Die alle ihre Gefühle gekonnt versteckt. Das Publikum lehnt sich zurück. Der erwartete Moment bleibt aus. Ein kurzer Moment der Enttäuschung geht durch die Menge. Es wäre natürlich unaussprechlich tragisch gewesen, wenn die Tänzerin gestürzt wäre, doch hätte es sie nicht minder unterhalten als ihr leichtfüßiger Tanz.

Sie musste nicht selten Doppel-Schichten übernehmen. Sie musste nicht selten bis zur Erschöpfung arbeiten in diesem kleinen schäbigen Café, in einem kleinen schäbigen Teil dieser großen leuchtenden Stadt. Dessen ungeachtet durfte sie nicht ruhen. Musste sie doch abends bis spät in der Nacht auf die Bühne. Sie tanzte auf einer kleinen Bühne, mit einem kleinen Publikum, in einem kleinen Gebäude. Sie tanzte immer wieder zu den schönsten Stücken, die sie stundenlang in ihrer Freizeit einstudiert hatte. Die sie immer wieder geübt hatte, bis ihre Füße wund und an manchen Tagen sogar blutig waren. Immer wieder war sie vor Erschöpfung beinahe zusammengebrochen, doch sie wusste, sie durfte nicht versagen. Ihr war klar, dass dieser Luxus ihr nicht gewährt war. Vor einer ständig wechselnden Menschenmenge drehte sie endlose Pirouetten, schwebte sie scheinbar endlos lange über dem Boden, tanzte sie, als wäre nur sie allein auf dieser Bühne existent. Sie ließ sich von den Fäden führen, ließ sich in sie fallen und schwebte, wenn auch nur für einige Stunden lang. Nach ihren Aufführungen lief sie alleine durch die Dunkelheit des späten Abends in ihre kleine Wohnung zurück. Leise klackerten ihre Absätze auf dem kalten Asphalt der Straße. Ungehört verklang dieses Geräusch in der winterlichen Nachtluft. Müde kam sie in ihrer kleinen, schäbigen Wohnung an. Leise schlief sie ein, nur um am nächsten Tag wieder, bevor die Sonne aufgegangen war, zu erwachen und den Kreislauf erneut zu beginnen.

Das Lied neigt sich dem Ende. Die Zuschauer beobachten, wie die Tänzerin langsam zur Mitte der Bühne zurückkehrt. Die Tänzerin dreht sich noch einmal um sich selbst, bevor sie mit einer geschmeidigen Bewegung zu Boden gleitet und ihre Schlussposition einnimmt. Die

Musik verklingt, eine kurze Stille folgt. Vereinzelt zuerst ertönt von hier und da Beifall, bis letztendlich keiner der Zuschauer mehr sitzt. Berauscht vom Applaus verneigt sich die Tänzerin, hat sie es diesmal wieder geschafft, das Publikum zu unterhalten, hat sie es diesmal wieder geschafft, den urteilenden Augen der anwesenden Masse zu widerstehen. Der Applaus wird lauter, einzelne Rufe nach Zugabe sind zu hören. Die einzelnen Stimmen werden zu einer einstimmigen Menge. Die Tänzerin lächelt, nickt und begibt sich in Position für einen kurzen erneuten Beweis ihres Talentes. Die Musik setzt ein weiteres Mal ein, die Tänzerin schwebt ein weiteres Mal übers Parkett. Doch auch dieser Moment vergeht. Die Tänzerin verneigt sich, lächelt und der Vorhang fällt. Mit dem Vorhang fällt auch das Lächeln von ihrem Gesicht. Spürt sie den auf ihr lastenden Druck, auch nächstes Mal wieder, wenn sie die Bühne betritt, eine fehlerlose Aufführung abgeben zu müssen. Die Tänzerin verlässt die Bühne.

Wieder stand sie früh morgens auf. Auch diesmal war die Nacht zu kurz und der Tag zu lang gewesen. Wieder einmal wusste sie nicht, wie lange sie noch tanzen konnte, ohne zu stürzen. Sie spürte die immer schwerer werdenden Lasten, welche auf ihren Schultern ruhten.

Ihr wurde bewusst, dass sie die Miete noch nicht bezahlt hatte. Ihr wurde bewusst, dass sie schon wieder zu spät dran war für ihren Job. Sie eilte aus ihrer Wohnung. Sie spürte, wie sich ein leichter, hauchdünner Faden um ihren Hals legte. Sie spürte ihn, doch schenkte sie ihm keine Beachtung. Als sie einige Minuten zu spät zur Arbeit kam, wurde sie sofort von ihrem Chef begrüßt. Er könne dies nicht mehr dulden, sagte er. Sie wäre zu unzuverlässig, zu unpünktlich, sie würde zu viele Fehler machen. Sie wäre nutzlos. Sie flehte ihn an, dies wäre doch ihre einzige Möglichkeit, mit der Miete und allem anderen noch ein bisschen hinterherzukommen. Er möge sie bitte nicht feuern. Sie bräuchte diesen Job doch. Allerdings ließ ihr Chef nicht mit sich reden. Ihr wurde gekündigt.

Auf der Straße ließ sie sich nichts anmerken, eilte nach Hause und brach, kaum dass sie die Tür hinter sich geschlossen hatte, zusammen. Ihre Möglichkeiten rieselten ihr wie Sand durch die Hände. Sie konnte sie nicht ergreifen, nicht festhalten. Mit tränenden Augen sah sie zu, wie ihre Welt zersprang. Sie hatte keine andere Möglichkeit gehabt außer diesem Job. Sie hatte kein Geld, sie hatte keine Familie und nun auch keinen Beruf. So klein er auch gewesen war, so war er doch ihr einziger Halt gewesen, der ihren Kopf über dem Wasser gehalten hatte. Er war ihr Rettungsreifen in der Sturmflut gewesen. Ohne ihn wusste sie nicht mehr weiter. Ohne ihn hatte sie nicht einmal genug zum Leben. Der Faden um ihren Hals schnürte sich enger. Langsam nahm er ihr die Luft zum Atmen, doch konnte sie noch nicht aufgeben, noch hatte sie ja ihr Tanzen, mit welchem sie Geld verdienen konnte. Wie so oft rappelte sie sich wieder vom Boden auf und machte sich auf den Weg zu ihrer Bühne. Der Faden um ihren Hals zog sich kaum bemerkbar zusammen.

Wie schon zuvor betritt die Tänzerin die Bühne. Sie weiß, sie darf nicht scheitern. Sie weiß, sie muss schweben. Die Musik setzt ein, ihr Tanz am Abgrund beginnt. Diesmal steht mehr auf dem Spiel. Dieses Mal muss sie besser, eleganter, leichtfüßiger sein. Sie weiß, wenn sie hier nicht gut abschneidet und rausgeworfen werden sollte, kann sie ihr Leben vergessen. Dies ist ihr einziger verbliebener Halt. Sie schwebt über das Parkett. Die Zuschauer beobachten sie bei ihrem ewig schmerzhaften Tanz. Sie bemerken nicht ihre Verzweiflung. Bemerken nicht, wie nah sie dran ist, in den Abgrund zu stürzen und elendig zu verkommen. Für sie ist es nur eine weitere Show zur Unterhaltung. Für die Tänzerin ist es ihr Leben.

Eine Drehung folgt der nächsten. Ihre Sprünge fallen ihr immer leichter. Sie spürt, wie sie ihr leichter fallen als sonst. Sie spürt, wie sie sich in ihn fallen lassen möchte, in ihren Tanz. Sie gleitet dahin. Sie lässt sich in die Musik fallen. Immer weniger Gedanken verschwendet sie an ihren nächsten Sprung, an ihre nächste Drehung, an ihre nächste Bewegung. Sie wird leichtsinnig, zu berauscht von der Musik, den Scheinwerfern, vom Tanz. Sie springt, ohne nachzudenken, und stürzt. Ein Raunen geht durch das Publikum. Jeder hat ihren Fehler gesehen. Alle Blicke sind auf die am Boden liegende Tänzerin gerichtet. Sicherlich wird sie gleich wieder aufstehen und ihren Tanz fortsetzen. Doch sie erfüllt die Erwartungen nicht. Leute eilen auf die Bühne zur Gestürzten, wollen ihr helfen. Die Menge wird unruhig. Der Vorhang heruntergelassen. Die Tänzerin liegt am Boden, kann nicht aufstehen. Sie weiß aufgrund des Schmerzes, dass sie ihren Fuß nicht bewegen kann, dass ihr ihre letzte Option entgleitet. Sie spürt, wie sich der Faden um ihren Hals enger zusammenzieht. Sie hört nicht die Stimmen ihrer Kollegen, hört nicht das Publikum, dessen neugierige Blicke nur durch eine Schicht Stoff von ihr getrennt sind. Sie hört nichts, sieht nichts und fühlt nichts, außer dem Luft abtrennenden Faden. Sie verliert ihren Halt. Sie weiß, dass sie keine Möglichkeit hat, irgendwas zu retten. Sie weiß, sie ist am Ende. Die Fäden können sie nicht mehr halten. Die Schlinge zieht sich zu. Sie bekommt keine Luft mehr.

Sie zerbricht.

Fabian Dombrowski

Mrs. Greenfields Mission

Der Wind peitschte den Passanten um die Ohren, als wollte er sie wie eine Herde vor sich hertreiben. Der Regen fiel in langen Schlieren aus den dunklen Wolken; Pfützen bildeten sich auf dem unebenen Asphalt, Wasser spritzte.

An solchen Tagen strahlte die Stadt an der Themse eine Widerborstigkeit aus, eine ehrliche Rauheit. Die Stadt wurde zum gnadenlosen Widersacher, der dem Einzelnen zwar keine Aufmerksamkeit schenkte, aber trotzdessen (oder gerade deshalb?) mit einer unerschütterlichen Gleichgültigkeit weiter sein launisches Spiel trieb. Der Herbst kam.

Eine ältere Dame mit magentafarbener Baskenmütze bahnte sich – trotz der Eile, die ihr Körper an den Tag legte – mit großem Geschick einen Weg durch das Gedränge. Sie schien zu wissen, wie man die sperrigen Körper sachte aber bestimmt zur Seite schob, wie man die entstehende Lücke zwischen den nie still stehenden Beinen und Torsi ausfüllte und wie man die eigene Aufmerksamkeit einsetzte, um niemanden mit den Ellenbogen anzustoßen oder auf die Schuhe zu treten. Die Menge war ein stets nervös atmendes, nie zur Ruhe kommendes Tier, aber die alte Dame mit der roten Baskenmütze wusste, mit ihm umzugehen.

Sie trug eine Schachtel vor sich her, die hochkant an ihrer Brust lehnte, während sie sich weiter schnellen Schrittes ihrem Ziel näherte.

Das Gefühl eines Schulmädchens, welches heimlich den Unterricht schwänzte, kam in Mrs. Greenfield auf – wie jedes Mal, wenn sie diesen Weg einschlug. Die Vorfreude auf das, was sie erwartete, gepaart mit der inneren Spannung, etwas Verbotenes zu tun. Die Tatsache, dass es das nun nicht mehr war, tat dem Gefühl keinen Abbruch.

Mrs. Greenfield stoppte vor einem Hauseingang. Der untere Saum ihres Rocks war mittlerweile von Nässe durchtränkt, an ihren Schuhsohlen hatte sich der Matsch festgesaugt. Auf ihren Brillengläsern bildeten Wassertropfen ein feines Netz. Sie fror.

Die Klingelknöpfe waren übereinander angeordnet. Mrs. Greenfield drückte den zweiten von unten: *Winter* Kurze Zeit später wurde die Eingangstür geöffnet und ein Mann stand vor ihr. Mrs. Greenfield lächelte ihn zaghaft an.

Winter erwiderte ihren Blick; seine Augen bildeten kleine Fältchen und sein schmaler Mund zog sich vorsichtig zur Seite. Auffordernd hielt er der alten Dame seinen rechten Arm hin. Mrs. Greenfield hakte sich unter und gemeinsam stiegen sie die Treppe in den zweiten Stock hinauf.

Elizabeth hörte die Pferdehufe schon von Weitem. Besuch kündigte sich an. Sie blickte hoch.

Ihr Vater kam aus dem Haus gestürmt. Er brüllte ihr etwas entgegen, als er sie dort an der Hauswand sitzen sah, das Huhn auf dem Schoß. Edith, die einige Meter hinter ihm herlief, schien unschlüssig. Dann rannte sie auf Elizabeth zu, „Hoch mit dir, Elizabeth, hoch mit dir", um sich kurz darauf wieder dem Vater anzuschließen. Elizabeth seufzte.

Sie hätte sich auf den Heuboden setzen sollen, gemeinsam mit Dorothy. Von dort oben konnte sie den ganzen Hof überblicken, blieb selbst aber unsichtbar. Als kleines Mädchen hatte sie sich oft dorthin verkrochen – der Jähzorn ihres Vaters hatte sie ein ums andere Mal in ihr Versteck getrieben. Nur Edith, die Magd, hatte von ihrem Geheimnis gewusst. Genauso wie Elizabeth mitbekam, dass Vater und Edith gelegentlich gemeinsam in der Vorratskammer verschwanden.

Eine Pferdekutsche war mittlerweile auf den Hof gefahren, ein dicker Mann mit Zylinderhut diskutierte mit ihrem Vater. Seine Hände gestikulierten wild. Elizabeth sah, wie eine weitere Person aus der Kutsche stieg, ihre Schuhe unbeholfen auf den matschigen Kies setzte, sich die Hose ausklopfte und unvermittelt in ihre Richtung sah. Elizabeth erschrak.

In dem Augenblick wurde ihr bewusst, dass sie immer noch nicht aufgestanden war, doch nun verfiel sie vollends in eine Starre, die ihr jegliche Bewegung unmöglich machte. Ungläubig verfolgte sie, wie der junge Mann sie musterte und schließlich auf sie zukam. Sie musste ein lächerliches Bild abgeben, wie sie dort an der Hauswand hockte, im Taubendreck, mit dem Huhn auf dem Schoß.

Und plötzlich musste sie lächeln.

Der junge Mann stand nun vor ihr. Er lüpfte seinen Hut und verbeugte sich leicht; eine Haarsträhne fiel ihm in die Stirn.

„Guten Morgen, verehrte Damen", sagte er. „Wie ich sehe, halten Sie beide sich lieber fern vom Trubel und beobachten. Das ist klug." Er strich sich die Haarsträhne zurück und setzte den Hut wieder auf. „Warten Sie, ich darf helfen?" Er streckte Elizabeth seine rechte Hand hin.

Elizabeth zog sich hoch, Dorothy in der Linken.

„Henry Greenfield", sagte der junge Mann und gab ihr einen Handkuss.

„Elizabeth", sagte Elizabeth, „und das ist Dorothy." Sie sah, wie Henry unmerklich zurückzuckte, als sie ihm das Huhn unter das Gesicht hielt.

„Sie beide scheinen sich gut zu verstehen", sagte er und lächelte unsicher.

„Dorothy muss heute sterben", sagte Elizabeth. „Sie wird nachher geschlachtet."

„Oh", sagte Henry.

„Ja", sagte Elizabeth.

„Das macht Sie sicher traurig", sagte Henry.

„Naja", sagte Elizabeth und streichelte das Huhn am Kopf. „Das gehört eben dazu."

Henry beobachtete ihre liebevollen Bewegungen.

„Wollen Sie auch mal?" Elizabeth wies mit dem Kopf auf das Huhn.

„Oh danke, nein", der junge Mann winkte ab und drehte sich nach hinten um, „ich glaube, mein Vater wartet schon."

Elizabeth sah, wie der Dicke noch immer ausladend gestikulierte. Edward Greenfield war ein einflussreicher Kaufmann, der mit Milch und Käse handelte und Geschäfte mit den Bauern einging.

Elizabeth musterte Henry. Er hatte buschige Augenbrauen und ein markantes Kinn, und sah sicher älter aus, als er in Wirklichkeit war. Er wandte seinen Kopf wieder ihr zu.

„Ich habe Respekt vor den Bauern", sagte er, „das Leben auf dem Hof muss hart sein."

„Naja", sagte Elizabeth wieder. Sie wusste nicht so recht, worüber man sich mit einem Kaufmannssohn unterhalten sollte. Er hatte doch keine Ahnung.

„Aber Sie haben noch kein Huhn geschlachtet?", fragte Henry.

„Doch", antwortete Elizabeth, „manchmal."

„Tatsächlich?", sagte Henry. „Diese Brutalität hätte ich Ihnen gar nicht zugetraut." Er lächelte süffisant.

„Es ist gar nicht schwer", sagte Elizabeth und drehte Dorothy in die andere Richtung. Das Huhn gurrte leise.

„Man muss nur bedenken, dass der Körper auch noch weiter zappelt, wenn der Kopf schon längst abgetrennt ist. Dann spritzt das Blut in alle Richtungen."

Henry schluckte.

„Schweineschlachtungen sind aber schlimmer", sagte Elizabeth. „Da muss das herausschießende Blut gesammelt und die ganze Zeit umgerührt werden, um die Gerinnung zu verhindern. Wir verwenden es später nämlich für die Blutwurst."

Henry nickte.

Elizabeth lächelte. „Und manchmal kann der Tod ja auch eine Erlösung sein", sagte sie.

„Sie sprechen weise Worte, Elizabeth", sagte Henry und deutete eine kurze Verbeugung an. „Es hat mich sehr gefreut."

„Auf Wiedersehen", sagte Elizabeth und wusste im selben Augenblick, dass sie ihn eines Tages heiraten würde.

Gedankenverloren spielte Mrs. Greenfield an ihrem Ring. Sie hatte das Paket auf der Kommode abgestellt, auf der noch eine Whiskyflasche und zwei -gläser standen. Ihre purpurnen Handschuhe hatte sie in ihre Manteltasche gestopft.

Winters Apartment war klein. Aber sie liebte ihn für seine Genügsamkeit. Das Haus, in dem sie nun lebte, war viel zu groß für sie. Verloren fühlte sie sich in seinen Gängen, erschlagen von den Bücherregalen der Bibliothek, die Stille machte sie unruhig.

„Sie sehen sehr schön aus, Mrs. Greenfield."

Mrs. Greenfield schreckte hoch. Winter lächelte. Er sprach nur wenig, umso mehr wirkte das Kompliment. Er lispelte leicht.

Wassertropfen liefen Mrs. Greenfields Stirn hinab, ihre Brille beschlug.

„Ich habe Ihnen etwas mitgebracht, Mr. Winter", sagte sie und griff in ihre Rocktasche. Sie überreichte Winter zwei kleine Päckchen. „Henry hat sie immer geraucht."

Winter nahm die Schachteln dankbar an und legte sie auf die Kommode neben die Whiskyflasche. Er räusperte sich.

„Darf ich sie sehen?", fragte er leise.

Mrs. Greenfield sah ihn an. „Jaja, natürlich." Sie zog sich ihre Handschuhe wieder über, schritt zum Paket auf der Kommode und öffnete den Deckel. Kurz darauf zog sie eine Urne heraus. Winter nickte.

„Wie geht es Ihnen, Mrs. Greenfield?", fragte er.

Wie oft hatte er ihr schon diese Frage gestellt.

Winter war einst Butler im Hause Greenfield gewesen. Als Henry das Unternehmen verkauft hatte, war auch Winter gegangen, doch in den nachfolgenden Jahren hatte sich eine regelmäßige Briefkorrespondenz zwischen ihm und Mrs. Greenfield entwickelt. Henrys Sturheit hatte sich in seinem Ruhestand zu einem griesgrämigen Starrsinn entwickelt. Seine körperlichen und geistigen Kräfte hatten schnell nachgelassen, er hatte tagein, tagaus nur noch im Kaminzimmer gesessen und Zigarren geraucht. Seine Arbeit hatte ihm gefehlt, er wollte es nur nicht zugeben. Schließlich wurde er krank und verwirrt. Mrs. Greenfield hatte ihn gepflegt, hatte ihn gewaschen, ihm Suppe gekocht, aus der Zeitung vorgelesen, Geschichten erzählt. Winter konnte Mrs. Greenfield schließlich die Gesellschaft leisten, nach der sie sich sehnte. Aber lieben tat Mrs. Greenfield Henry bis zum Schluss, auch jetzt noch, nach seinem Tod.

„Es ist besser so", sagte Mrs. Greenfield, die Urne in den roten Handschuhen haltend, „er wusste mit seinem Leben nichts mehr anzufangen. Und selbst wenn – die Krankheit hat ihn gequält. – Ja, es ist besser so", vergewisserte sich Mrs. Greenfield noch einmal.

Henry hatte die Stadt an der Themse über alles geliebt: die Korrektheit ihrer Bewohner, die alten, geschichtsträchtigen Gebäude, den Glanz der königlichen Familie, ja, auch den technischen Wandel, der für den Kaufmann neue unternehmerische Möglichkeiten eröffnete. Aber vor allem liebte er das Wasser.

Wie eine unwegsame Schlucht schlängelte sich der Fluss durch die Stadt. Er schien wie ein Symbol für den ewigen Kampf zwischen Natur und Urbanität. Das Wasser ermahnte den Menschen, und der Mensch machte es sich zu Nutzen. Er integrierte die Natur in seinen Lebensalltag, baute Brücken, schaffte Verkehrsadern und stellte Schiffe und Fähren auf den Fluss.

Und da standen sie nun – die alte Dame und ihr treuer Freund –, um dem toten Henry Greenfield seinen letzten Wunsch zu erfüllen. Der Wind drückte eisig gegen die Haut und Mrs. Greenfield zog ihre Mütze tiefer, deren rote Farbe sich der tristen, rauen Umgebung anzupassen und nun wie ausgeblichen schien. Der Regen hatte aufgehört.

Sie standen am Heck der Fähre und beobachteten, wie sich das Ufer immer weiter entfernte. Die Schiffsschraube dröhnte in ihren Ohren. Mrs. Greenfield hielt die Urne fest umklammert.

Als die Fähre den Fluss zur Hälfte überquert hatte, sah sie zu Winter rüber. Der nickte leicht und legte einen Arm um die alte Dame. Das Wasser unter ihnen bildete ein dunkelgraues Nichts, Wellen schlugen gegen das Schiff, als wollten sie es forttreiben. Mrs. Greenfield kniff die Augen zusammen und strich sich die Haare aus dem Gesicht. Dann öffnete sie die Urne.

Leon Endris

Zwischenmenschliche Befremdlichkeiten

Tyler Joseph, der Twenty One Pilots Sänger, schreit mir ins Ohr, dass jemand sein Autoradio gestohlen habe. Nun sitzt er da in kompletter Stille und ist seinen eigenen Gedanken ausgesetzt. Armer Kerl.

Ich kann mich wenigstens durch ihn ablenken, und es ist die perfekte Ausrede, nicht mit anderen Menschen interagieren zu müssen. Dachte ich.

Ich sitze im Bus und habe kurz Blickkontakt mit einer mir bekannten Person hergestellt.

„Fuck", denke ich und schaue schnell aus dem Fenster. Nein, das reicht nicht, tu so, als würdest du schlafen.

Ach nein, ich wurde ja schon erkannt. Das fällt auf.

Schweiß bildet sich auf meiner Stirn. Es gibt kein Zurück.

Nun steht sie da, mit einem breiten Lächeln auf den Lippen. Ich kenne die Person gut genug, um ein Gespräch als angemessen zu empfinden. Nicht dass ich darauf Lust hätte. Wäre das Leben ein Spiel, hätte ich mich bereits früh im Verlauf verskillt und alles auf unnötiges Film- bzw. Musikwissen gesetzt, und jegliche sozialen Skills vollkommen vernachlässigt.

Wäre die Welt ein DC Comic, wäre ich wohl Aquaman.

Manche Menschen finden mich cool, andere finden mich etwas lustig, aber die meisten können mit mir nicht wirklich was anfangen.

Absolut nachvollziehbar, bedenkt man, dass ich nun schon geschlagene fünf Minuten regungslos auf die Person starre.

Ihr Lächeln ist mittlerweile doch ziemlich verunsichert und auch Tyler Joseph schreit mir nun ins Ohr, ich wisse nicht, was ein Spülbecken für ihn bedeutet, und ich ihn in Ruhe lassen soll.

Also tue ich ihm, bevor er sich anders entscheidet, den Gefallen, und ziehe die Kopfhörer aus den Ohren.

Nach einem kurzen Schweigen beginnt es. Mein Erzfeind, mein Nemesis, der Small Talk.

„Und?", fragt sie.

Scheiße, denk ich. Was sag ich jetzt? Achtzehn Jahre alt, und ich weiß immer noch nicht, was man darauf antwortet. Nicht zu viel nachdenken, einfach reden, denk ich und sage: „ Wie kann es sein, dass Darth Vader die Rebellen am Anfang von *Eine neue Hoffnung* fragt, was sie für eine Mission haben, wenn er doch am Ende von *Rouge One, a Star Wars Story*, genau gesehen hat, wie diese mit den Plänen vom Todesstern abgehauen sind ...

Und wie geht's Dir?"

Wie erwartet, schaut die Person mich mitleidig an. Ich hab's verkackt ... Mist!

Geschlagen und traurig möchte ich mir wieder die Kopfhörer in die Ohren stecken und aufgeben. Ich male mir bereits aus, wie ich zusammengekauert in der Dusche sitze und weinend Coldplays Song *Fix you* mitsinge.

„*When you try the best, but you don't succeed*", murmele ich still vor mich hin, und halte die Tränen der Niederlage zurück.

Doch als wäre all das noch nicht genug, macht sie einfach weiter. Mein Stress-Level steigt ins Unermessliche und um meinen weiteren sozialen Abstieg zumindest abzubremsen, beschließe ich, nur noch kurze Antworten zu geben. Die Fahrt verläuft also weiter und mit Antworten wie: „Gut", auf Fragen wie: „Habt ihr viele Hausaufgaben auf?", versinke ich immer tiefer im Sumpf des Außenseitertums.

Wir kommen endlich zu meiner Haltestelle. Mittlerweile ist meine Gesichtsfarbe nicht mehr von meiner Haarfarbe zu unterscheiden. Der Bus hält. Ich springe auf und schreie: „Tschöö, bis morgen!"

Doof nur, dass auch besagte Person hier aussteigt. Mir wird ein wenig schwarz vor Augen und Übelkeit steigt in mir hoch. Schweigend gehen wir also nebeneinander her nach Hause. Verstört nicken wir uns nochmal zu und ich biege schnell nach Hause ab.

Ich denke die letzten Meter darüber nach, wie es wohl wäre, Yak-Züchter in Nepal zu sein.

Ich gehe zu meinem PC und bestelle Flugtickets …

Rebecca Geiger

Von Angesicht zu Angesicht

Ich sitze auf meinem Bett und warte. Das Display ist hell und ich sehe den Schriftzug vor mir, der mich verdammt wütend macht.

Online steht da unter seinem Namen. Aber die scheiß Haken werden einfach nicht blau. Aha. Was Besseres zu tun, als mir zu antworten oder wie, du Penner?! Zwei Sekunden später *Zuletzt online um 15:53 Uhr.* So ist das also …

Um sechs Uhr fängt diese Party an und er wollte mir eigentlich sagen, ob er kommen wird oder nicht. Betonung liegt auf „eigentlich". Jetzt macht der auf beschäftigt. Alles klar. Das kann ich auch. Ich schreib dem nicht noch mal. Jetzt tu ich mal auf beschäftigt. Ist ja nicht so, dass mich das stören würde, dass er nicht antwortet. Nein gar nicht. Soll er halt mit dem anderen Mädel schreiben, statt mir zu antworten. Okay.

Zurücktaste. Neuen Chat öffnen.

Ich beinahe heulend an meine beste Freundin: *Er schreibt mir nicht zurück, obwohl er doch grade erst online war. Was hab ich nur falsch gemacht? Liegt es an mir? Nerv ich ihn, wenn ich schreibe? Oh Mann. Ich werde für immer Single bleiben.* Daraufhin folgt ein: *Oh mein Gott. Was ist das für ein Arschloch?!* Mit einem Smiley symbolisiere ich ihr, dass ich ihrer Meinung bin.

Gespräch beendet.

15:55 Uhr. Ich stehe kurz vor einem Nervenzusammenbruch und gehe aus WhatsApp. Keine neuen Nachrichten. Ich beschließe, mich für die Party fertig zu machen, ob der jetzt kommt oder nicht.

Ich drehe Musik auf und singe lautstark mit, tanze durch mein Zimmer und denke immer wieder über mögliche Szenarien nach, die vielleicht, also nur eventuell passieren könnten, falls er dann doch noch sagt, er wird mich begleiten. Ich stelle mir vor, wie er mich anlächelt und sagt, er freut sich darauf, mit mir wegzugehen heute Abend. Ich stelle mir vor, wir würden den ganzen Abend lachen und tanzen und reden und noch mehr lachen und noch viel mehr tanzen. Ich stelle mir so viel vor und versuche ja eigentlich, keine allzu großen Erwartungen zu haben, da er ja immer noch nicht zu hundert Prozent zugesagt hat. Aber eigentlich bin ich mir sicher, dass es jetzt schon zu spät ist, rational zu denken, und ich schon auf Wolke sieben schwebe und fest damit rechne, er wird doch noch kommen. Denn so bin ich halt mal. Ich kann mir nichts vormachen. Und immer und immer wieder schweift mein Blick auf mein dunkles Handydisplay, das allerdings eben dunkel bleibt, was bedeutet, dass ich keine neue Nachricht habe.

Um kurz vor sechs Uhr blinkt mein Handy auf und ich öffne WhatsApp. *Hey. Sorry, aber ich gehe heute mit anderen Freunden weg. Mach dir aber trotzdem einen schönen Abend.* Und dahinter noch so ein „Haha, ich lache und werde rot Smiley."

–Pause–

Den kann er sich sonst wo hin stecken! Mir ist absolut nicht mehr zum Lachen zumute und ich verzichte auf eine Antwort. Er soll ruhig merken, dass ich verletzt bin, aber vor allem wütend – naja, in Wahrheit hat er das nicht gecheckt, denn er ist halt mal ein Mann und Männer verstehen die weiblichen „Ich bin wütend auf dich" Reaktionen nicht, denn die finden es wahrscheinlich einfach nur schön, diese Stille.

Ich pfeffere mein Handy aufs Bett, schmeiß mich direkt nebendran und kämpfe mit all den Gefühlen, die auf mich einprasseln. Enttäuschung und Wut. Traurigkeit und Zweifel. Und all diese Gefühle sieht er nicht, denn ich antworte ihm nicht und er ist ja schließlich nicht hier.

Und genau in diesem Moment wünsche ich mir, er wäre vor mir und ich könnte mit ihm reden, denn dann funktioniert das nicht mehr, mit einfach mal nicht antworten.

Und ganz ehrlich, ich schätze reale Kommunikationen. Ich schätze es, wenn ich jemanden vor mir habe, seine Gestik und Mimik sehe und genau weiß, was er mir vermitteln möchte. Ich schätze es, die Stimme von jemandem zu hören und an seinem Tonfall abzuwägen, welche Emotionen sich dahinter verbergen. Ich schätze es, seine Körperhaltung zu beobachten, um seine Angewohnheiten zu studieren und ihn besser kennenzulernen. Denn nur dann weiß ich, was okay ist und was nicht. Was ich an ihm mag und was ich brauche. Ich kann in seine Augen schauen und darin lesen. Ich kann seine Gefühle empfangen und darauf reagieren. Ich kann ihn berühren, wenn ich das möchte, und ihn in den Arm nehmen, wenn er das braucht. Nur in einem solchen Gespräch weiß ich, was uns verbindet oder halt eben, was nicht.

Wir sollten alle dieses altmodische von Angesicht zu Angesicht schätzen und nicht verlieren. Wie oft in letzter Zeit hat dir jemand in echt gesagt, dass du ihm guttust und nicht über WhatsApp? Wie oft hat jemanden persönlich mit dir über seine Gefühle gesprochen? Weißt du noch, wie es sich anfühlt, wenn dir dein Gegenüber in die Augen sieht und dich anlächelt und du weißt, er ist froh, dass du da bist? Wenn du dir darüber im Klaren bist, solltest du Gespräche nicht vermeiden. Suche sie, denn nur so kannst du ihm ehrlich und wahrhaftig ins Gesicht sagen, was für ein Arsch er ist, weil er sich nicht meldet und dich abserviert hat.

Anne-Cathrin Gerber

Tick-Tack

Es war einer dieser Tage, einer dieser Tage, an dem man aufwacht und direkt ein ungutes Gefühl im Bauch hat. Als würde man wissen, dass dies kein alltäglicher Tag werden kann. Ich erhob mich müde von meinem Bett, schlüpfte noch total verschlafen in meine alten, eiskalten, fransigen Hausschuhe und bewegte mich in Richtung Kaffeemaschine. Kaffee, meine Waffe, um schneller wach zu werden. Während ich das Kaffeepulver in den Filter schüttete – zwei gestrichene Löffel –, hörte ich etwas. Es war laut, fast schon wie ein Knall, aber ich zweifelte daran, denn ich war mir einfach nicht sicher, was es war. Also ignorierte ich es und drückte auf *Start*, um endlich meinen geliebten Kaffee zu erhalten.

Tick Tack

Ich hörte auf einmal ein lautes, aber nur kurzes Ticken. Und da war er wieder! Der Knall, den ich heute schon einmal hörte. Ganz eindeutig! Mein Getränk war fertig und ich trank es mit Genuss, aber mit einem miesen Gefühl im Bauch, wie wohl der laute Knall und das unheimliche Ticken entstanden sein mochten. Ich machte mir natürlich Gedanken darüber, was da draußen passierte, aber ich versuchte, mir immer wieder und wieder einzureden, dass es nur die Möbelpacker von gegenüber waren. Es verfolgte mich die ganze Zeit und da ich es nicht länger aushalten konnte, nachzusehen, was vor meiner Tür geschah, machte ich mich auf. Nun stand ich vor der Tür, wollte den silbrig scheinenden Schlüssel gerade in das

Schloss stecken, da knallte es wieder. Schweiß lief mir die Stirn herunter, ich wurde nervös, denn tief in mir wusste ich, dass es Schüsse von Waffen und Bombenexplosionen sein mussten. Meine Hand zitterte so stark, dass es eine Herausforderung war, diese verdammte Tür zu öffnen.

Als ich es endlich schaffte, verließ ich unser Haus hektisch und schaute mich zu allen Seiten um. Links von mir das bunte Haus meines Nachbarn, welches wie eine Farbexplosion in schrillen Farben leuchtete. Wie konnte man nur solche Farben kombinieren? Rechts von mir der kleine Stadtpark, ein Teil meiner Kindheit, denn ich hatte früher jeden Sonntag mit meiner Großmutter die Enten am Teich gefüttert. Gegenüber von meinem Haus gab es das Gegenstück zu dem bunten Haus meines Nachbarn. Dieses Haus war genauso grau, wie die gerade einziehende Familie ordentlich war: Obwohl ich sie noch nicht lange kannte, fiel mir direkt ihre Vorliebe für Struktur auf, da die Umzugskisten in Reihen wie Türmchen vor dem Haus gestapelt waren. Alles sah so aus wie immer, ich erkannte nichts Auffälliges, aber dann knallte es schon wieder, nur diesmal deutlich lauter. Es musste von ein paar Straßen von hier aus entfernt kommen.

Doch ehe ich auch nur einen weiteren Schritt machen konnte, sah ich am anderen Ende der Straße jemanden vorbeihuschen. Ich war mir ziemlich sicher, dass die Person eine große Waffe bei sich trug. Auch aus dieser Entfernung sah ich Hass in den Augen blitzen und ein Schauer lief mir über den Rücken. Aber ich hatte keine Zeit mehr, mir weitere Gedanken zu machen, denn ich hörte Schritte. Sie waren bedrohlich, kamen immer näher in meine Richtung und wurden dabei immer schneller. So schnell, dass ich vor Panik die Haustür hinter mir nicht öffnen konnte – sie klemmte. Ich fühlte mich wie ein kleines Kaninchen, das vor Panik wegrennt, aber dabei vergisst, Haken zu schlagen. Ich rannte und rannte, bog in die nächste Seitenstraße ein und war außer Atem.

Tick Tack

Es kam mir vor, als wären diese zwei Sekunden in Zeitlupe geschehen. Eine Bombe wurde hinter mir in eines meiner Nachbarhäuser geworfen. Ich höre das laute Geräusch der Explosion, das dröhnend in meinen Kopf stieg und ihn nicht mehr verlassen wollte. Das Haus fiel in sich zusammen, so dass die Fensterscheiben in alle Richtungen flogen und klirrend zur Erde fielen. Schließlich sah ich eine große, dunkle Rauchwolke aufsteigen. Ein Terroranschlag! Ich rannte und rannte, so schnell ich konnte. Dabei sah ich ängstliche Menschen um mich herum, die ihre Kinder an die Hand nahmen und ebenfalls flüchteten. Alles kam mir so verschwommen vor. Um mich herum hörte ich Geschrei und sah hektische Bewegungen. Ich rannte und rannte.

Tick Tack

Nicht weit von mir entfernt explodierte das nächste Haus. Meine Welt brach zusammen, denn ich wollte nicht wissen, wie viele Opfer es an dem Tag geben würde, die ums Leben kommen. Meine Ausdauer ließ nach, ich war außer Atem und wieder kam mir alles so verschwommen vor, als würde ich den Verstand verlieren. In der nächsten Sekunde bog ein Mann um die Ecke. Mit seinem bösartigen Blick schaute er sich um. Ich wollte fliehen, aber meine Beine versagten, ich konnte sie nicht richtig kontrollieren, als hätten sie ihren eigenen Willen und stattdessen stolperte ich über ein kaputtes Stück Mikrowelle, das mitten auf der Straße lag. Neben mir hörte ich das Ticken, das ich so oft gehört hatte.

    Tick Tack

Tim Groenenberg

Üben, üben, üben

Es klingelte an der Tür. Simone zuckte zusammen. Gerade noch war sie tief in Gedanken versunken. Sie dachte an die Party, zu der sie am Samstag eingeladen war. Wie gerne würde sie da hingehen. Alle aus ihrer Klasse würden kommen.

Auch der Neue. Er hatte so ein süßes Lächeln. Wie gerne würde sie mit ihm tanzen. In seinen Armen liegen. Sie seufzte. Sie könnte das neue Kleid anziehen, dass sie sich letzte Woche in der Stadt gekauft hatte. Ach verdammt, das blöde Kleid war ja für …

"Simone", rief ihre Mutter von unten. "Kommst du dann bitte mal? Frau Sommerfeld ist da."

„Ja, ich komme gleich", rief Simone genervt.

Frau Sommerfeld war ihre Klavierlehrerin. Schon mit vier Jahren bekam sie den ersten Klavierunterricht. Jetzt war sie in der neunten Klasse. Ihre Mutter laberte ständig davon, wie toll Klavier spielen sei. „Das ist gut für deine Konzentration, davon bekommst du Durchhaltevermögen, es macht dich schlauer …" Bla, bla, bla, klang es in Simones Ohren. Ja klar, am Anfang fand sie es ja selbst ganz cool, ein Instrument zu spielen. Aber mittlerweile ging es ihr auf die Nerven.

Üben, üben, üben, üben. Simone ging langsam die Treppe runter. Frau Sommerfeld begrüßte sie freundlich. Ihre Mutter warf ihr einen scharfen Blick zu. Simone schaute trotzig zurück. Ihre Mutter wusste genau, dass sie keine Lust mehr hatte, Klavier zu spielen. Viel lieber wollte sie das machen, was alle Mädchen aus ihrer Klasse machten. Shoppen, ins Schwimmbad gehen, sich mit Jungs treffen und lauter so Sachen.

Aber nein. „Du hast ja so viel Talent, du wirst mal eine großartige Pianistin. Du musst dich nur mehr anstrengen. Ohne Fleiß, keinen Preis", predigte ihre Mutter pausenlos.

„Dann lass uns mal beginnen", sagte Frau Sommerfeld. „Bis zum Sommerkonzert am Samstag haben wir noch jede Menge Arbeit vor uns. Das Stück muss tausendprozentig sitzen. Du weißt ja, …"

„Ja", fiel Simone ihr heftig ins Wort. „Ich weiß, dass am Samstag Talentsucher im Publikum sitzen. Ich will aber nicht auf dem blöden Sommerkonzert spielen. Ich will viel lieber zu einer Party gehen. Alle gehen dahin."

„Simone!", rief die Mutter entsetzt. „Was ist denn in dich gefahren? Wie sprichst du mit Frau Sommerfeld? Was fällt dir ein?" Das Gesicht der Mutter lief vor Wut rot an. „Du wirst dich sofort bei Frau Sommerfeld entschuldigen und mit dem Üben anfangen. Weißt du überhaupt wie viel Geld dein Klavierunterricht schon gekostet hat? Du wirst nicht zu dieser Party gehen, da gibt es keine Diskussion und damit Basta."

Simone schluckte ihre Tränen runter. Es hatte keinen Sinn weiter mit ihrer Mutter zu diskutieren. Sie entschuldigte sich bei Frau Sommerfeld, setzte sich ans Klavier und übte, übte, übte.

Nach zwei Stunden verabschiedete sich Frau Sommerfeld mit den Worten: „ Das muss noch viel besser werden. Du warst heute unkonzentriert und so wird das am Samstag nichts. Du solltest heute noch weiter üben. Ich komme übermorgen wieder und dann erwarte ich, dass du das Stück perfekt beherrschst." Da saß sie, allein am Klavier und weinte. Sie dachte an die Party und an den Neuen. Sie dachte an das hübsche Kleid.

Ihr Blick ging zur Terrasse und zu der perfekt angelegten Rosenhecke. Das war das Hobby ihrer Mutter. Dort lag eine Rosenschere. Schärfer als ein Messer. Langsam wanderte ihr Blick weiter zu ihren Händen. Der Gedanke traf sie wie ein Blitz.

Kristin Haselsteiner

Der Raub des Elfen

„Alyandra, Schatz, kannst du bitte für mich einkaufen gehen?", fragte mich meine Mutter.

„Klar Mama." Ich ging gerne einkaufen. Auch wenn ich dafür weit laufen musste, einmal quer durch den Ort, die Steigungen an den Bergen nicht zu vergessen. Unsere wunderbare Aussicht auf die tolle Bergkette war dabei einmalig. Besonders im Nebel, wenn nur die Bergspitzen herausragten, die darunter liegenden Dörfer und Bäume aber verdeckt blieben. Das faszinierte mich immer wieder. Wir wohnen in Fischen, einem kleinen Dorf in der Nähe von Oberstdorf. Meiner Mutter gehörte das schönste Gästehaus des ganzen Ortes, das heißt auch, dass ich Alyandra, vierzehn Jahre alt, häufiger solche Erledigungen machen musste.

Ich war auf dem Weg zum Bäcker, als mich ein fremder Junge ansprach. Überrascht schaute ich in ein paar blattgrüne Augen, solche waren mir noch nie begegnet. Ich war so fasziniert, dass ich nicht gleich reagierte. Irritiert sah er mich an. Hatte ich etwas verpasst? „Hä, wie bitte?"

„Ich suche meinen Freund", antwortete der Fremde. Er war vielleicht zwei Jahre älter als ich, hatte baumrindenbraune Haare, die ihm verwegen in die Stirn fielen. Seine Haut war so hell, als, würde er nie in die Sonne gehen. Seltsamerweise wirkte das sehr interessant. Hier hatte ich ihn definitiv noch nie gesehen.

„Hast du in letzter Zeit einen fremden Jungen gesehen?", fragte er. „Du meinst außer dir?", antwortete ich.

Er begann zu schmunzeln. „Nein, ich suche wohl kaum mich selbst. Ich war mit meinem besten Freund verabredet, aber er ist nicht aufgetaucht. Er hat deine Haarfarbe, vielleicht etwas weniger rot und weniger Locken. Er ist so groß wie ich und in meinem Alter." „Nein", antwortete ich. „Sooo einen Jungen habe ich bestimmt nicht gesehen. Ich muss jetzt auch weiter!"

Er schaute mir misstrauisch nach, als müsste ich seinen Freund gesehen haben.

Auf dem Rückweg ging ich am Wald vorbei, um die Eichhörnchen zu füttern, als ich am Waldrand plötzlich zwei Personen bemerkte. Einer, sehr dunkel gekleidet und sehr groß, verdeckte den Kleineren. Sie waren zu weit entfernt, um etwas genau zu erkennen. Merkwürdig war nur, wie der Große etwas in der Hand schwenkte. War das ein Strick?

Als ich näher kam, drehte sich der Große um und blickte drohend zu mir, es wirkte irgendwie unheimlich. Ich blickte mich kurz um. Als ich wieder zum Wald sah, waren sie wie vom Erdboden verschluckt. Seltsam. Ach egal, ich wollte ja zu den Eichhörnchen. Beim Weitergehen bemerkte ich den weißen Zettel, nahe der Stelle, an der eben noch die beiden Gestalten waren. Ich las: PZK HGZG: Was sollte das denn? Kopfschüttelnd lief ich weiter.

Wieder zu Hause konnte ich meine Mutter nicht finden. Ich ging in ihr Zimmer und schob langsam die quietschende Tür auf. Jemand stöhnte. Ich konnte einen großen Blutfleck auf dem Teppich erkennen. Mit viel Schwung stieß ich die Tür auf. Da lag meine Mutter! Sie hatte eine Wunde am Hals, aus der Blut floss und der Griff eines Messers zu sehen war. Ich war entsetzt. Dann kam Bewegung in mich. Schnell rannte ich zum Verbandskasten im Flur. Gerade jetzt klingelte es. Reflexartig öffnete ich die Haustür und brüllte im Weggehen: „Ich brauche sofort ihre Hilfe. Rufen Sie einen Krankenwagen, die Polizei oder die Feuerwehr, egal, aber Sie sollen blitzschnell hier sein!"

Jemand antwortete: „So bin ich noch nie begrüßt worden, Madame." „Telefon im Flur!", brachte ich noch raus und war schon wieder bei meiner Mutter. „Warten Sie", rief die fremde Stimme mir nach „Wo wollen Sie denn mit dem ganzen Verbandszeug hin?" „Meine Mutter!" stammelte ich, „Sie ist verletzt!"

Am Boden kniend suchte ich nach den Mullbinden, als ich hinter mir ein leises „Oh" hörte. „Warte ich helfe dir", sprach jemand. Der Fremde half mir einen Verband anzulegen.

Glücklicherweise wirkte meine Mutter jetzt nicht mehr so blass und ich konnte mich etwas beruhigen. Endlich kam der Notarzt. Er brachte Mama ins Krankenhaus, um sie besser versorgen zu können. Vor der Abfahrt versprach mir der Arzt, dass er mich sofort informiert, wenn sie Genaueres sagen könnten. Ich sollte mich nicht wundern, wenn es länger dauern würde. Durch mein schnelles Eingreifen, sähe es aber gut aus.

Ich atmete erleichtert auf. Langsam ging ich zurück zu unserem Haus. Dort stand noch immer der Neuankömmling. Jetzt sah ich ihn mir genauer an. Es war der Junge vom Einkauf und er blickte mich mitfühlend an.

„Hallo", sagte er „ich bin Tobias, aber nenn mich einfach Tobi." Ich starrte ihn verständnislos an „Was machst du hier? Bist du mir etwa gefolgt?", fragte ich.

„Nein", antwortete er, „ich brauche ein Zimmer für die Nacht und da ihr welche vermietet ..."

„Tut mir leid", ich bekam fast keinen Ton heraus. Wortlos ging ich an ihm vorbei ins Haus, direkt in das Zimmer meiner Mutter. Es wirkte alles so normal, ihr Bett mit dem Nachttisch, der große, alte Holzschrank an der Wand. Nur der blutbefleckte Teppich passte so gar nicht in die gemütliche Einrichtung.

Plötzlich hörte ich ein Geräusch. Ich blickte auf und sah Tobi. Er stand in der Tür und hatte das Messer entdeckt. Er musterte es lange, dann fragte er: „ Hast du den Einbrecher gesehen?" „Nein, wieso?", ich war ein wenig verwirrt. „Ich kenne dieses Messer", erklärte Tobi. Er hob es an und drehte es ein wenig im Licht der Sonne. Der Griff des Messers leuchtete kurz auf und ich bemerkte, dass der Griff mit vielen blauen Mustern verziert war. „Scheiße", stieß Tobi hervor.

„Du suchst doch nach deinem Freund", begann ich. Dann fiel mir wieder der Zettel ein. Ich holte ihn aus meiner Hosentasche und legte ihn auf das Bett. Wieder erstarrte Tobias. Sekunden später hatte er nach dem Zettel gegriffen. Aufmerksam las er ihn und sagte: „Wir müssen nach Kapstadt! Warum hast du mir nicht gesagt, dass du Andreas kennst?" „Wer ist Andreas?", fragte ich ihn. Überrascht schaute er auf und antwortete nur: „Mein bester Freund, Andreas" er seufzte. „Wir haben ihn schon eine Weile nicht mehr gesehen. Wir waren verabredet, aber er kam nicht. In unserem Reich wird vermutet, dass ihm etwas zugestoßen ist." Ich schaute ihn verwundert an. Er schien erschöpft und nicht sehr auskunftsfreudig. „Was hat dieser Zettel damit zu tun?

Wieso kannst du lesen was da geschrieben steht? Und was hat es mit diesem Reich auf sich?" Er schaute gequält auf. Fast schien es, als wollte er keine Frage beantworten. Dann erklärte er: „Ich kann das lesen, weil das unsere Geheimschrift ist. Die haben wir beide erfunden. Das bedeutet, dass mit Sicherheit Andreas den Zettel geschrieben haben muss. Und das heißt dann auch, dass er lebt. Er ist zwar verschwunden, aber wohl kaum freiwillig. So, ich glaube das reicht fürs Erste. Habt ihr nun ein Zimmer? Wie heißt du eigentlich?", beendete Tobias seine Ausführungen.

Uups, stimmt, ich hatte mich wirklich noch nicht vorgestellt. Da er mir bei meiner Mutter sehr geholfen hatte, war ich ihm wohl etwas schuldig. Ohne ihn wäre es vielleicht nicht so gut abgelaufen. Außerdem schienen unsere Erlebnisse zusammenzuhängen und er wusste darüber mehr. Ich brauchte dringend noch weitere Informationen.

„Nun gut. Ich heiße Alyandra, aber du kannst mich gerne auch einfach Alya nennen. Meiner Mutter und mir gehört das Gästehaus. Es wird wohl noch ein Zimmer für dich frei sein. Aber dafür erzählst du mir noch mehr. Was weißt du über dieses Messer?", fragte ich direkt. „Langsam, langsam. Nach der ganzen Aufregung würde ich mich gerne erst mal frisch machen. Und eine Mahlzeit wäre auch nicht schlecht. Ist schon eine ganze Weile her, seit ich das letzte Mal etwas gegessen habe", beschwichtigte er.

Stimmt, jetzt wo er es erwähnte, musste ich zugeben, dass auch ich Hunger hatte. Während er sich in sein Zimmer zurückzog, richtete ich eine Brotzeit. Mit Appetit futterten wir und ich fühlte mich in seiner Gegenwart immer sicherer. Komisch, bisher hatte ich mich nie unsicher gefühlt.

„Warum helfen wir uns nicht gegenseitig", schlug ich vor. „Du kennst das Messer und meine Mutter scheint es auch zu betreffen. Was muss ich noch wissen?" Erleichtert schaute Tobias auf. „Endlich bist du bereit mir zu helfen. Heute Mittag schien das noch nicht so einfach zu werden."

„Jetzt sei mal nicht arrogant", antwortete ich. „Das Messer gehört dem Prinzen des Lichtes", fuhr er fort. „Es ist ein Geschenk für den Erstgeborenen, im Moment Andreas. Weil es so scharf ist, benutzt er es aber nie. Schon gar nicht gegen Menschen. Du musst ihn doch gesehen haben, schließlich hast du eine Nachricht von ihm!" Tobi sah mich eindringlich an.

Ich brauchte einen Moment. Für ihn klang das wohl logisch. Aber ich war an der Stelle mit dem Prinz und dem Licht ausgestiegen. „Häh???", stammelte ich wenig intelligent. „Ach so, den Zettel habe ich beim Wald gefunden. Kurz vorher standen da zwei dunkle Gestalten. Sie waren nicht mehr zu sehen, als ich den Zettel fand. Aber was hat das jetzt mit dem Messer zu tun?", ich hatte die Zusammenhänge nicht wirklich verstanden.

Tobias zuckte die Schultern: „So genau weiß ich das auch noch nicht. Wenn ich dir mehr erzähle, musst du mir aber versprechen, bei der Suche von Andreas zu helfen und niemanden etwas zu erzählen. Dafür werde ich im Gegenzug deine Mutter heilen." Zweifelnd sah ich ihn an. „Vertrau mir," beschwor er, „ich habe besondere Fähigkeiten." Seltsamerweise glaubte ich ihm. „Okay, du hilfst zuerst meiner Mutter. Und das sofort! Dann sind wir im Geschäft." Er lächelte zufrieden. „Gut, während ich ins Krankenhaus gehe, packst du ein paar Dinge. Wir werden gleich morgen früh aufbrechen."

Er verschwand und ich nahm meinen Rucksack. Da rief das Krankenhaus an. Die Ärztin ließ mich wissen, dass sich der Zustand meiner Mutter in den letzten Minuten schlagartig verbessert hatte. In ein paar Tage könnte sie wieder nach Hause.

Ich war sprachlos vor Glück. Das gab's doch nicht. Da war Tobi nur kurz weg und tatsächlich konnte er helfen. Ich drehte mich um. Überraschung! Er lehnte im Türrahmen, grinste mich frech an und sagte: „Na, alles gepackt? Dann leg dich mal schlafen." Was soll man da noch sagen. „Danke, dass du meiner Mutter geholfen hast", stammelte ich.

Am nächsten Morgen band ich mir, zur Sicherheit, meine Glücksbringer-Kette um und ging zu Tobi. „Gibt es hier einen See?", fragte er. „Wir müssen eine Abkürzung nach Kapstadt nehmen." „Klar gibt's, hier einen See, sogar ganz in der Nähe. Den Auwaldsee. Er ist nicht nur wunderschön, man kann ihn auch umwandern, darin baden ..." Er ließ mich nicht ausreden. „Klasse, dann los!" Der war gut, schnell nach Kapstadt! Dafür müssten wir wohl erst mal zum Flughafen usw. Aber Tobi duldete keinen Widerspruch. „Vertrau mir", sagte er. Wir gingen zum See. Dort nahm er mich an die Hand und sprach: „Öffne deine Tore. Führe uns nach Mesurio, ins Reich der Herzen." Er machte einen Satz und zog mich mit. Bevor ich reagieren konnte, waren wir ins Wasser gesprungen. Ich fühlte leichte Panik aufkommen. Obwohl, unter Wasser war ich weder nass, noch hatte ich Atemschwierigkeiten. Erst jetzt bemerkte ich die Luftblase, in der wir uns befanden. Wir glitten, wie in einem Sog fort, ohne die Richtung zu bestimmen. Seltsamerweise war das sehr angenehm. Das hatte etwas von einer Achterbahnfahrt, aber ohne Loopings.

Wenig später, wieder auf meinen Beinen, waren wir am Ufer eines anderen Sees gelandet.

„Komm! Wir müssen uns beeilen", sprach Tobi vor sich hin. Wo waren wir hier? Ich schaute mich genauer um. Die Umgebung wirkte gar nicht so fremd. Da waren Bäume, deutlich größer und dunkler, als zu Hause. Das Licht wirkte silbern und glitzernd, aber nicht so hell. Unter meinen Füßen fühlte sich das Gras weich, wie ein dicker Teppich an.

In der Luft hing ein würziger und vertrauter Geruch nach Kiefernnadeln und Laubbäumen. Tobi holte mich aus meinem Staunen und der Faszination über die schöne Umgebung und befahl: „Komm mit, wir brauchen nur ein paar Minuten!"

Der hatte Nerven. Er verschleppte mich ohne Erklärung und blaffte dann so rum. Ich war viel zu perplex, um ihm gehörig die Meinung zu sagen. Es dauerte nicht lange, dann erreichten wir zwei weitere große Seen. Tiere oder Menschen, geschweige denn Häuser hatte ich keine gesehen. Gab es außer uns hier überhaupt Lebewesen?

Tobi griff nach meiner Hand, aber diesmal hielt ich ihn zurück. „WARTE! Wo sind wir? Was machen wir hier? Und warum willst du ständig ins Wasser springen?" Mitleidig schaute er mich an. Dann grinste er und sprach: „Öffne deine Tore, führe uns nach Woodhead Reservoir bei Kapstadt." Schon waren wir wieder im Wasser, wieder rutschten wir weiter. Da mir bis jetzt noch nichts geschehen war, beschloss ich, erst mal abzuwarten. Schließlich wollte Tobi mir nichts antun, allerdings nervte es, dass er ständig alles bestimmen wollte.

Da blendete mich grelles Sonnenlicht. Als ich auf aufblickte, standen wir an einem riesigen See, schon wieder. Verwirrt blinzelte ich. Es war brütend heiß. Im See, der von Felshügeln und wenigen Bäume, die Palmen glichen, umrandet wurde, spiegelte sich die gesamte Umgebung. Auch hier war keine Menschenseele zu sehen.

Unsicher gingen wir ein paar Schritte. In der Nähe konnten wir eine Straße erkennen. Okay, Straße war vielleicht etwas zu viel gesagt. Es handelte sich wohl eher um einen befestigten Feldweg. Dort stand ein Hinweisschild. Constantia Nek Jeep Track. Dieser führte offensichtlich durch den Table Mountain National Park in Kapstadt.

Wow! IN KAPSTADT! Es war noch keine Stunde vergangen und wir waren in Afrika?

Tobi sah mich zweifelnd an. „Ich hab leider keine Zeit für Erklärungen. Wie du siehst sind wir in Kapstadt, mitten im Park. Andreas wird wohl eher in der Stadt zu finden sein. Wir müssen versuchen, dahin zu kommen." Ich nickte. Wir folgten dem Weg und kamen an ein hübsches Haus. Verschiedene, schmiedeeiserne Behälter, Räder und anderes Werkzeug lagen im Garten willkürlich verteilt. Das Namensschild wies es als *Waterworks Museum* aus. Offensichtlich war es Ziel mehrerer Touristenfahrten. Im Hintergrund standen mehrere Jeeps. Ihre Insassen wanderten durch die Umgebung.

„Hey, Greenhorns!", begrüßte uns ein dunkelhäutiger Ranger. An seiner Safarikleidung mit der offiziellen Beschriftung war er als Parkmitarbeiter gut zu erkennen. „What are you doing here?", fragte er. Froh endlich wieder einen Menschen zu sehen, erklärte ich: „Wir kommen aus Deutschland und wollen in die Stadt." Zu spät viel mir auf, dass ich deutsch gesprochen hatte.

Der Ranger machte ein grimmiges Gesicht. Dann antwortete er überraschenderweise ebenfalls deutsch: „Immer diese Greenhorns. Und schon wieder Deutsche und wieder wollen sie von mir in die Stadt gebracht werden. Erst gestern musste ich zwei Jungs in die Stadt bringen. Waren genauso Greenhorns wie ihr."

Mist, die Stadt schien wohl weiter entfernt zu sein und der Ranger wollte uns nicht helfen. Tobi holte tief Luft: „Entschuldigen Sie unser Eindringen", begann er.

Da mischte sich ein weiterer Besucher ein: „Hallo, ich bin Niklas Scheurer aus Bielefeld. Zwei Landsleuten helfe ich gerne weiter. Ich fahre gleich mit dem Jeep zurück und kann Sie gerne mitnehmen."

Wir atmeten erleichtert auf. Auch der Ranger blickte jetzt freundlicher und lud uns sogar noch zum Essen ein. Dabei schimpfte er noch immer über unsere beiden Vorgänger. Als er einen genauer beschrieb, wurde Tobi neben mir unruhig. Er erkundigte sich ausgiebig über die Fahrt und das Ziel der beiden. Endlich konnten wir aufbrechen.

Niklas ließ uns, auf Tobis Wunsch hin, nahe des Putt Putts (einer Minigolfanlage) raus. Seltsam, das war doch der Ort, an den die beiden anderen Verirrten wollten. Tobi schaute mich verschwörerisch an und erklärte:

„Hast du nicht zugehört? Der Ranger hat doch eindeutig von Andreas gesprochen. Sie müssen hier irgendwo sein."

„Hier?", fragte ich, dann überlegte ich laut: „Wenn du dich verstecken wolltest, wo würdest du das am ehesten tun? Nicht im Trubel, aber zentral und es muss ruhig sein. Gibt es hier so was?" Beeindruckt sah mich Tobi an. „Ich wusste, es ist gut dich mitzunehmen. Was hältst du von dem Leuchtturm da vorne? Schauen wir mal nach."

Der Leuchtturm war kleiner, als die umliegenden Häuser. Sein Grundriss war quadratisch und die rot-weiße Farbe, zog sich in Streifen quer nach oben bis zur Spitze. Das Leuchtfeuer selbst saß zurückgesetzt hinter einem Geländer, fast eine Reling.

Da er ein Stück entfernt stand, konnten wir endlich reden. Tobi begann, zu erzählen: „Okay, dann mal ganz von vorn. Andreas, mein bester Freund, und ich stammen aus verschiedenen Reichen. Andreas ist der Prinz aus dem Reich des Lichtes. Ich komme aus dem Reich des Herzens. Wir nennen es auch Mesurio." Tobi nickte, als er meinem Blick begegnete. „Ja, da warst du vorhin. Die Reiche der Elfen, sind durch Seen, Meere, Ozeane usw. mit der Welt der Menschen verbunden. Wir können durch einen Sprung ins Wasser die Welten wechseln."

„Dann sind wir also von Mesurio nach Kapstadt gekommen. Dein Wasserweg ist deutlich schneller, als ein Flugzeug. Aber warum wurden wir dabei nicht nass?", wollte ich wissen. Tobi erklärte: „Elfen reisen in Luftblasen, in denen sie nie nass werden. Auch du konntest so atmen und kamst trocken an."

„Gut, also du und dein Freund, ihr lebt im Elfenreich. Aber was ist mit Andreas?" Tobi wurde unruhig. „Abgesandte der Elfenreiche treffen sich regelmäßig. So haben Andreas und ich uns kennengelernt. Wir hatten viel Spaß miteinander und haben uns danach auch weiter verabredet. Da unsere Treffen bekannt waren, wunderte sich auch niemand über Andreas' längere Abwesenheit. Er wurde bei uns vermutetet. Da war er aber nicht. Da es durchaus Elfenreiche gibt, die sich nicht wohlgesonnen sind, kann ich mir vorstellen, dass es ein anderes Reich auf Andreas abgesehen hat. Fakt ist, dass er in Schwierigkeiten steckt. Deine Mutter wurde wohl nur in die ganze Sache reingezogen, weil unser Gespräch in Fischen beobachtet wurde. Vielleicht dachten sie, du gehörst zu mir. Dass dieses Messer bei deiner Mutter gefunden wurde, war bestimmt kein Zufall. Ich vermute den Täter im Elfenreich. Andreas gibt das Messer freiwillig nicht aus der Hand, also muss es ihm jemand abgenommen haben."

Tobi hatte noch nie so lange gesprochen. In der Zwischenzeit waren wir fast am Leuchtturm angekommen. Eine Person saß auf dem Balkon des Leuchtturms und schien zu schlafen. Das Gesicht uns zugewandt.

Tobi sah mich fragend an. „Das ist nicht Andreas! Könnte es der Große aus dem Wald sein?" „Was weiß ich denn, vielleicht ist es der Leuchtturmwärter." „Nee, das kann nicht sein. Ein Leuchtturmwärter würde in Richtung Meer schauen bzw. sitzen. Dieser blickt in Richtung Festland. Ein Leuchtturmwärter würde das nicht tun."

Das klang logisch. Aber wie sollten wir jetzt vorgehen? „Sollen wir einbrechen und nachsehen, ob Andreas dort ist, solange der Mensch da oben schläft", schlug Tobi vor.

Während wir noch unschlüssig waren, brüllte drinnen eine männliche Stimme: „Sebastian!" Tobi zuckte zusammen. „Den kenne ich", stammelte er. „Schläfst du schon wieder", fuhr die Stimme im Leuchtturm fort, „das ist ja nicht zu fassen! Du hast gefälligst auf unseren Gefangenen aufzupassen. Mach endlich deinen Job." „Wer ist das?", flüsterte ich. Tobi starrte mich an, als wüsste er nicht mehr, wer ich war. „Das ist Dominic, Andreas' Bruder. Ich verstehe nicht, was der hier macht."

„Wir müssen zusehen, dass wir da irgendwie reinkommen." Wir liefen um den Leuchtturm herum. Dabei sahen wir das Fenster im ersten Stock. Es war offen!

Ich stupste Tobi an. Tobis Augen begannen zu leuchten. „Wie kommen wir da rauf?", fragte er. „Ich bin der Meister des Kletterns", antwortete ich. „Du drehst dich mit dem Rücken zur Turmwand und machst eine Räuberleiter." „Okay, versuchen wir es", stimmte Tobi zu. Er stellte sich breitbeinig hin und half mir nach oben. Schnell war ich im Flur. Niemand war zu sehen. Leise schlich ich die Treppe nach unten, als über mir lautes Poltern und ein Fluch zu hören war.

Schnell hatte ich die Tür gefunden und geräuschlos geöffnet.

„Endlich!", stieß Tobi hervor, und schob mich zur Seite. „Oben streiten sie", informierte ich Tobi flüsternd.

„Dann nix wie hoch", antwortete Tobi. Wir schlichen langsam die Stufen nach oben. Tobi wurde unruhig. Er erkannte jetzt auch Andreas' Stimme. Vorsichtig gingen wir weiter.

Hinter der nächsten Biegung konnten wir sie sehen und verstehen. Der eben noch schlafende Sebastian stritt jetzt mit Dominic. Im hinteren Bereich saß ein Junge, der an einen Stuhl gebunden war. Das musste Andreas sein, er wirkte ein wenig mitgenommen. Als Andreas in seiner Ecke plötzlich den Kopf hob, stockte mir der Atem. Hatte er uns gesehen? Er verzog kurz die Mundwinkel zu einem Lächeln. Dann räusperte er sich und fragte: „Hey Jungs, wer von euch beiden Schwachköpfen will mich denn jetzt umbringen?" Die beiden Streitenden sahen zu Andreas. Dominic antwortete: „Brüderchen, du gibst aber schnell auf! Ich wusste doch, dass du keinen Mumm hast. Endlich bekommt unser Reich einen würdigen Thronerben. Dein Tod wird so aussehen, als hätte ihn ein anderes Reich verübt. Schließlich will ich nicht sofort verhaftet werden, wenn ich mit deiner Todesnachricht nach Hause komme." Dominic und Sebastian begannen zu lachen.

Bevor ich reagieren konnte, sprang Tobi auf, schnappte sich die Bratpfanne von der Küchenzeile an der Wand und knallte sie Dominic auf den Hinterkopf. Der drehte sich um, blickte glasig, um anschließend tonlos zu Boden zu gehen. Wow, das war ein Sonntagsschlag. Sebastian wirkte überrascht, stürzte sich dann aber mit lautem Gebrüll auf Tobi. Jetzt kam ich aus der Deckung und rannte auf Sebastian zu. Als der eine weitere Person erblickte, zögerte er kurz. Diese Zeit nutzte Tobi, um nochmals die Pfanne zu schwenken. Leider ging Sebastian, der viel größer und stärker war, nicht sofort zu Boden. Tobi kämpfte mit ihm. Ich lief zu Andreas und löste seine Fesseln. Der sprang sofort auf, griff nach den frisch gelockerten Stricken und rannte zu Tobi. Die beiden konnten Sebastian am Boden halten. Tobi schrie: „Los Alya, fessle ihn!" Sebastian war stark, aber gegen uns drei hatte er keine Chance. Auch Dominic banden wir fest.

Erleichtert setzten wir uns auf den Boden. Als wir uns ansahen, löste sich unsere Anspannung und wir prusteten los. Andreas wollte die Verbrecher sofort in sein Reich bringen, um sie zu verurteilen. Er bedankte sich überschwänglich und lud uns zum Dank ein. Dann verschwand er.

Mir wurde klar, dass ich mein Versprechen eingelöst hatte. Endlich konnte auch ich wieder zu meiner Mutter nach Hause. Tobi nickte, nahm mich an die Hand und führte mich nach draußen. „Sehe ich dich wieder?", fragte ich. „Klar", antwortete er. „Schließlich muss ich dir noch mein Reich zeigen. Außer dem Wald hast du ja noch nichts gesehen."

Stimmt, das würde mich reizen. Trotz der tollen Erlebnisse, der schönen, aber auch ungewohnten Umgebung hier in Kapstadt und der Aussicht auf das Elfenreich, wollte ich endlich wieder zu meiner Mutter.

Tobi schlug den direkten Weg zum Meer ein und schaute mich lächelnd an. „Du warst mir wirklich eine große Hilfe. Ich bringe dich jetzt zu deiner Mutter. Du wirst sehen, dass es ihr gut geht. Wir Elfen haben nämlich nicht nur heimliche Reiche, sondern auch Heilungskräfte. Wenn die ganze Sache mit Andreas geregelt ist, komme ich wieder zu dir." Darauf freute ich mich. Sein Reich interessierte mich schon jetzt …

Zeinab Hodeib

Spiegel

Stell dir vor, du bist in einem geschlossenen Raum. Es gibt keine Fenster, keine Tür und auch kein Licht. Du bist alleine mit deinen Gedanken. Gedanken, die kein Sterblicher zu vernehmen mag.

Vielleicht fragst du dich, warum du hier bist.

Vielleicht bist du nervös.

Aber vielleicht trifft auch nichts davon auf dich zu.

Nach einer Weile wird es hell. Wahrscheinlich wirst du dann schnell blinzeln müssen, da das Licht deine empfindlichen Sehorgane blendet. Erst einige Sekunden später sind sie wieder völlig einsatzfähig. Du schaust dich um und siehst ... nur dich selbst. Der Raum, in dem du sitzt, ist völlig mit Spiegeln bekleidet. Spiegel, die allesamt dein Ebenbild reflektieren.

Jeder Spiegel zeigt eine andere Seite deiner selbst.

Und dennoch zeigen alle Spiegel gewissermaßen dasselbe.

Würde man auf die Gesetze der Physik hören, würde sich alles noch einmal spiegeln, da es nur Spiegel anstelle von Wänden gibt. Es würde eine unbekannte, unendliche Anzahl von Spiegelbildern geben. Doch wir hören diesmal nicht auf die Gesetze der Physik. In deinen Gedanken gelten nämlich nur deine eigenen Gesetze.

Nun. Du stehst vor dir selbst, siehst dein Gesicht, deinen Körper, deine Makel.

Vielleicht trägst du eine Brille.

Vielleicht bist du alt.

Vielleicht bist du groß.
Vielleicht bist du körperlich eingeschränkt.

Es wird nur eine Frage der Zeit sein, bis du dir langsam aber sicher einiger deiner größten Makel schmerzlich bewusst wirst.
Warum hab ich wieder zugenommen?
Warum muss ich diese schreckliche Akne haben?
Warum ist mein Gesicht so rund?
Warum ist mein Haar so stumpf?

Du könntest stundenlang so weitermachen. Könntest jeden noch so kleinen Fehler an dir bemängeln.
Meine Augenfarbe ist langweilig.
Meine Lippen sind zu schmal.
Meine Beine sind zu kurz.
Meine Nase ist zu groß.

Doch nun stell dir Folgendes vor: Dein Spiegelbild ändert sich. Aus deiner äußeren Erscheinung wird plötzlich das, was du bist. Vor dir steht noch immer ein und dieselbe Person. Doch etwas ist anders. Denn in deiner Hand liegt etwas. Du schaust an dir selbst hinab, siehst den Gegenstand, den kein Fremder beschreiben kann. Jeder besitzt einen anderen. Doch viele ähneln sich auch. Ist es vielleicht ein Stift? Wenn ja, was für einer? Ein Bleistift? Zeichnest du gerne? Oder ist es eine junge Pflanze? Magst du die Natur? Gärtnerst du gern? Wie gesagt: Jeder besitzt einen anderen Gegenstand. Einen, der dich zu der Person macht, die du bist. Doch womöglich ist das nicht genug für dich. Wieder packen dich Selbstzweifel,

die darauf zurückzuführen sind, dass die Gesellschaft dein Selbstbild langsam aber sicher vergiftet hat.
    Ich bin doch eh nicht gut darin.
    Ich hab Leute gesehen, die können das viel besser.
    Ich kann das doch eh nicht.
    Ich bin wahrscheinlich in nichts gut.

Wie ein Virus hat sich das Gift der Zweifel in dein Herz gegraben, langsam aber sicher verbreitet und sich in deinem Gehirn festgesetzt. Es ist fast so, als würde sich eine Klaue tief in deine Gedanken krallen und erst dann loslassen, wenn du etwas Schlechtes über dich denkst. Du schaust wieder auf den Gegenstand. Er hat sich verändert.
    Der Stift wäre wohl zerbrochen, die Pflanze verwelkt. Verwirrt und irgendwie verstört lässt du deinen Gegenstand fallen, siehst zu, wie er auf dem verspiegelten Boden aufkommt und zerberstet. Doch nicht nur dein Gegenstand ist zerbrochen.
    Du schaust hoch und siehst, dass sich ein gigantischer Riss im Spiegel vor dir gebildet hat.
    Vielleicht beginnst du jetzt zu weinen.
    Wenn ja, dann spürst du, wie die heißen Tränen deine Augenwinkel verlassen, wie sie an deinem Kinn hinabtropfen. Du achtest nicht darauf, dass sie auf deinen Gegenstand fallen. Dein Blick richtet sich langsam wieder auf dein Spiegelbild.
    Ich bin unnötig.
    Ich bin hässlich.
    Ich bin untalentiert.
    Ich will nicht mehr.

Und wieder ändert sich dein Spiegelbild. Diesmal drastischer als zuvor. Denn vor dir steht nun ein Kind. Du erschrickst, als es zu sprechen beginnt. „Bin ich auch unnötig?"

Du schüttelst verwirrt den Kopf, verneinst.

Das Kind schaut dich mit schief gelegtem Kopf an. „Warum solltest du das dann sein?"

Unsicher antwortest du mit deinen Gründen, bis du bemerkst, dass das Kind weint. Du fragst es, wieso es denn weine. Die Antwort schockiert dich, obwohl du sie eigentlich genau kennst.

„Weil ich du bin! Ich bin auch hässlich, ich kann auch nichts, ich bin auch unfähig!"

Leichte Panik breitet sich in dir aus, als du versuchst, das Kind und somit auch dich selbst zu trösten. Du versuchst, es vom Gegenteil zu überzeugen. Dazu fühlst du dich verpflichtet. Und plötzlich hört das Kind zu weinen auf, es verändert sich. Vor dir steht wieder dasselbe Spiegelbild wie ganz am Anfang.

„Wenn wir nicht damals schon unnötig und schrecklich waren … Warum sollten wir es dann jetzt sein?"

Das Licht verschwindet wieder. Und als es angeht, bist du nicht länger in dem Raum. Du sitzt in deinem Zimmer, deinem Büro, auf deinem Bett oder deinem Schreibtisch. Wo auch immer du dich wohlfühlst.

Und bei dir liegt dein Gegenstand.

Katrin Jochim

Bis auf Weiteres

Es war sicherlich nicht ihre Schuld, dass die Wohnungstür bloß angelehnt war.

Noch nie hatte sie vergessen abzuschließen. Der Praktikantin würden Unachtsamkeiten dieser Art nicht unterlaufen, nein, nein.

Auch war die *11* unleugbar ihre Nummer, war es seit zwei Jahren, kein Irrtum möglich.

Folglich musste sich jemand Zutritt verschafft haben. Ein Einbrecher?

Die Praktikantin war entsetzlich erschöpft, hatte sich eigentlich vorgenommen, früh ins Bett zu gehen. Morgen würde wieder ein langer Tag werden.

Ganz gleich wer dafür verantwortlich war, sie würde ihm nicht auch noch die Genugtuung geben, die Angelegenheit weiter zu verzögern, indem sie Hilfe holte.

Die Tatsache, dass ihr niemand einfiel, der ihr beistehen würde, spielte keine Rolle bei ihrem Entschluss, sich der Sache alleine anzunehmen. Schließlich wusste sie sich selbst zu helfen, war nicht mehr das verängstigte Kind von damals.

Vermutlich handelte es sich ohnehin um irgendein Missverständnis, oder der Eindringling hatte die Wohnung längst wieder verlassen.

Was es auch war, sie würde nicht länger das Unvermeidliche hinauszögern.

Lautlos schob sie die Tür auf und huschte hinein, darauf bedacht, keinen Laut von sich zu geben.

Der Fernseher war an, sein unregelmäßiges Flimmern tauchte den Raum in ein surreales Licht. Es lief eine Naturdokumentation, doch der Ton war aus. Für einen Moment war sie wie gefesselt von dem Anblick eines Wolfes, der durch das Dickicht eines Waldes schlich.

Doch dann fiel ihr auf, dass sie nicht alleine war.

In dem ihr mit dem Rücken zugewandten Sessel – ihrem Lesesessel – zeichnete sich der Umriss einer Person ab. Die letzten Sonnenstrahlen des Tages fielen durch ein Fenster und malten ein Rechteck auf den Boden, genau dorthin, wo er saß.

Ihr entfuhr ein leises „Oh", zu leise, als dass der Eindringling es hätte hören können.

Jedenfalls rührte sich die Gestalt vor dem Fernseher nicht und beobachtete weiterhin wie gebannt den Wolf, der sich an seine Beute anpirschte.

Es wäre wohl ratsam gewesen, das Zimmer wieder unbemerkt zu verlassen und aus sicherer Entfernung die Polizei zu alarmieren, doch die Praktikantin entschied sich dagegen.

Sie würde dem Eindringling nicht gestatten, ihren Zeitplan durcheinanderzuwerfen.

Sie war schlicht und ergreifend zu müde und nahm sich vor, das Missverständnis einfach aus dem Weg zu räumen und ihn so schnell wie möglich wieder loszuwerden.

„Oh", wiederholte sie daher, diesmal deutlicher. Drängend.

Der Mann schaltete den Fernseher aus und wandte sich ihr zu.

„Was willst du hier?", fragte er vollkommen ruhig, als hätte er irgendeine Berechtigung, sich danach zu erkundigen.

Die Praktikantin kniff die Augen zusammen. „Ich lebe hier. Dies ist meine Wohnung."

Sie war selbst verblüfft darüber, wie gefasst sie war, wie fest ihre Stimme. Stand sie unter Schock? Es fühlte sich nicht so an.

Vermutlich war das seiner eigenen Gelassenheit zuzuschreiben.

Wenn ein Einbrecher erwischt wird, reagiert er anders. Der Verdacht, dass es sich um irgendeine Verwechslung oder dergleichen handelte, erhärtete sich.

Doch ein Teil von ihr wusste, dass es mehr war als das. Dieser Teil war nicht einmal sonderlich über seine Anwesenheit überrascht, hatte ihn vielleicht erwartet, wie er sie erwartet zu haben schien.

Während der Eindringling sie völlig unbeeindruckt musterte, zwang sie diesen Teil zum Schweigen, so wie sie es immer zu tun pflegte.

„Das ist doch gar nicht dein Zuhause." Er sprach mit einer Sicherheit, die die Praktikantin verunsicherte. Als handelte es sich um eine Tatsache, die sie zu akzeptieren hatte.

Sie stutzte.

„Aber natürlich. Ich lebe hier seit drei Jahren", beharrte sie dann, „und wenn ich einen Mitbewohner hätte, wüsste ich mittlerweile davon. Also gebe ich die Frage zurück. Wer sind Sie? Und wie kamen Sie herein?"

Er überlegte eine Weile. „Nun. Ich bin Einbrecher."

Damit hatte er beide ihrer Fragen zufriedenstellend beantwortet. Also handelte es sich nicht um ein Missverständnis. Sie nickte, unschlüssig darüber, wie sie sich nun zu verhalten hatte.

Stille trat ein.

Er schien auf eine Reaktion zu warten, was sie unter Druck setzte.

Es kam ihr vor wie eine Prüfung, auf die sie sich nicht vorbereitet hatte, und sein aufmunterndes Lächeln brachte sie nur noch mehr aus dem Konzept.

Die Praktikantin zwang sich zur Ruhe und überlegte angestrengt.

War dies eine Art Scherz? Ein Streich? Doch ihr fiel beim besten Willen niemand ein, der solche Mühe darauf aufwenden würde, ihr einen Streich zu spielen. Schließlich hatte sie noch keine Freunde in der Stadt.

Nun … Fest stand zumindest, dass er sich nicht wie ein Einbrecher verhielt.

Wieso also sollte sie ihn als einen solchen behandeln?

„Kann ich Ihnen einen Tee anbieten?", fragte sie daher ihren Besuch, nicht zuletzt um endlich das unangenehme Schweigen zu brechen. Wenn einen die Situation überfordert, kann es zumindest nicht schaden, höflich zu sein, entschied sie.

Sein Lächeln verschwand und er schüttelte traurig den Kopf, was ihr das Gefühl vermittelte, nicht bestanden zu haben.

Es war ein seltsamer Ausdruck in seine Augen getreten, den die Praktikantin nicht zu deuten vermochte. Doch er versetzte ihr einen Stich, ja, zerriss sie innerlich.

Sie widerstand dem dringenden Bedürfnis davonzulaufen.

Auch wenn sie geübt darin war, schien es ihr dieses Mal kein Ausweg. Er würde ihr nachpreschen, auf die ein oder andere Art, dessen war sie sich sicher.

Derweil hatte der Besucher sich von dem Sessel erhoben, das Licht eingeschaltet, das heute mehr als sonst einem Scheinwerfer glich, und war dazu übergegangen, in der beengten, spärlich eingerichteten Wohnung auf und ab zu gehen. Sie folgte ihm mit den Augen.

„Wieso ist es hier so staubig? Und sind das Spinnenweben?", erkundigte er sich schließlich, ohne sie eines Blickes zu würdigen.

„Das ist meine Halloween-Dekoration."

„Es ist Februar." Er klang müde.

Die Praktikantin legte den Kopf schief. „Bist du hergekommen, um meine Lebensweise zu kritisieren?"

„Ich bin hergekommen, um dich auszurauben."

Sie verlor langsam die Geduld. „So?! Und was hält Sie davon ab?"

Er seufzte schwer, als würde er mit einem besonders begriffsstutzigen Kind reden.

„Hier ist nichts, das ich haben möchte."

Sie bemühte sich, gleichgültig zu wirken, doch sie war verletzt. „Nicht einmal den Fernseher?"

Wieder schüttelte er resigniert den Kopf. „Ich habe bereits einen viel besseren."

Der Besucher schwieg kurz. „Du solltest mehr Dinge besitzen", fuhr er dann fort. „Denkst du je an die Einbrecher? Nein. Denn du denkst nur an dich selbst."

Sie senkte betreten den Blick. Er hatte ja recht.

Da wurde seine Stimme mitfühlend. „Damit will ich nicht sagen, dass es mir hier nicht gefällt", beschwichtigte er. „Ich würde töten für so eine Wohnung."

Sie schaute vorsichtig auf. „Sie könnten auch einfach aufhören, bei anderen einzubrechen, sich eine ehrliche Arbeit suchen und …"

„Ich würde lieber töten."

Sie blinzelte. „Verständlich."

Wieder kehrte Stille ein.

Der Besucher begutachtete interessiert die zahlreichen gerahmten Fotografien, die ihre Wände säumten. „Wer sind all diese glücklichen Menschen?"

„Das sind nicht meine Fotos, sondern die Beispielbilder, die beim Kauf der Rahmen dabei waren. Ich kam noch nicht dazu, sie mit eigenen Fotos zu versehen", antwortete sie verlegen.

„Aha." Er schien nicht überzeugt. „Du solltest dich endlich darum kümmern. Und überhaupt, wie wäre es mit ein paar Möbeln? Du lebst schließlich seit vier Jahren hier."

Sie wurde nervös. „Ich werde jetzt die Polizei rufen."

„Weil ich dir Ratschläge für die Inneneinrichtung gebe?"

„Nicht ganz."

„Dann wegen des Einbruchs?"

„Genau."

Sie wollte nach dem Telefon greifen, doch er hatte sie mit einem Blick fixiert, der sie mitten in der Bewegung innehalten ließ. Sie hatte keine Wahl, richtig?

Er seufzte schwer. „Du warst einmal so viel mehr als das. Noch nie habe ich jemanden so verloren in seinen eigenen vier Wänden erlebt."

Wut stieg in der Praktikantin hoch. „Das ist nur provisorisch, eine Übergangslösung. Ich bin hier doch gar nicht zu Hause", verteidigte sie sich trotzig, ein wenig lauter als nötig gewesen wäre. Er brach in schallendes Gelächter aus. „Und trotzdem lebst du hier seit fünf Jahren?!"

Ihre Wangen brannten und sie schaute zu Boden.

Da wurde seine Stimme weicher, sein Blick verständnisvoll. „Ich werde dich umbringen, sollte ich dich nochmals so antreffen."

„Selbstverständlich." Sie nickte wissend und brachte ein zaghaftes Lächeln zustande, während er zur Haustür huschte, darauf bedacht, keinen Laut von sich zu geben, fast wie ein Einbrecher.

Anne Jungfleisch

Der Schuhskandal am Fußballabend

„Was ist mit dieser Frau nur los? Jeden Abend komme ich von meiner Arbeit als Maler zurück und sie hat nichts Besseres zu tun, als mich für unsere Geldkrise verantwortlich zu machen. Immerhin könnte sie ja auch arbeiten gehen, aber dafür hat sie natürlich immer wieder eine andere Ausrede. Und jetzt kommst du auch noch und willst von mir neue Fußballschuhe. Lukas, wenn du Fußballschuhe willst, musst du arbeiten gehen, aber ich habe kein Geld dafür …", schrie Lukas Vater so laut, dass Lukas sich die Ohren zuhalten musste. Vor seinem inneren Auge sah er immer noch seine temperamentvolle Mutter, die wild gestikulierend seinem Vater einen Vorwurf nach dem anderen machte. Lukas blickte in die Ferne, drückte sich in die unbequemen Polster und versuchte, den Ärger seines Vaters nicht auf sich zu lenken. Sobald sie am neu bepflanzten Fußballplatz ankamen, stieß Lukas die blaue Wagentür auf und rannte, ohne seinen Vater eines weiteren Blickes zu würdigen, in die Freiheit.

Am Eingang wartete bereits sein bester Freund Markus, der ihn erwartungsvoll mit einem kräftigen Handschlag begrüßte. „Heute ist ein extrem wichtiges Spiel für unsere Mannschaft, Lukas. Du bist der Kapitän, der wichtigste Mann im Feld. Enttäusche mich nicht!", erklärte der Trainer Lukas und klopfte ihm nach dem Gespräch aufmunternd auf die rechte Schulter. „Klaro", antwortete er ziemlich unbeeindruckt von dieser Ansage. Doch als der

Trainer den Gang verließ, machte sich eine Sorgenfalte auf seiner Stirn breit. Schnell gingen die beiden Jungs weiter und zogen in der Mannschaftskabine ihre roten Jerseys an. Dieses Fußballspiel war unglaublich bedeutend für den Verein der roten Füchse, denn der Sieg dieses Spiels brachte einen Aufstieg in die zweite Liga mit sich.

Nach zehn Minuten war alles vorbereitet, und die Show konnte nun beginnen. Und diese war einfach nur fantastisch. Ein Ball nach dem anderen landete im Tor des Gegners. Lukas führte das Team grandios an und setzte sich in allen Zweikämpfen mit Leichtigkeit durch. Vier von sechs Toren konnte er an diesem Tag auf seinem Konto gutschreiben. Lukas ergötzte sich an den staunenden Blicken der Menge, und nach diesem Spiel war er der unangefochtene Held des Abends.

Später in der Kabine brach die gesamte Mannschaft in schallendes Freudengejohle aus. Tim dagegen, der Außenseiter der Mannschaft, versuchte, möglichst unauffällig diesen Abend hinter sich zu bringen. Doch Markus erspähte ihn und stupste den Sieger des Abends sofort kräftig an. Fragend blickte Lukas zu seinem besten Freund, der ihm daraufhin leise zuflüsterte: „Was hältst du von einem kleinen Streich zur Feier des Tages?" Lukas grinste und nickte ihm zu, und sein Körper erfüllte sich langsam mit einer tiefen Häme.

Die zwei schlichen ihrem „Erzfeind" nach und folgten Tim bis in die etwas abgelegene ältere Umkleidekabine. Dort angekommen pfefferte Tim genervt seinen Sportbeutel in die Ecke und rannte schnaufend ins Klo. „Jetzt geht er wieder heulen", kicherte Markus und zeigte auf den hässlichen, blauen Kloeingang. Lukas knuffte ihn kräftig in die Seite und sein bester Freund fasste sich wieder. Still und leise schlichen sie zu Tims Schuhen, versteckten sie in einem roten Beutel und stahlen sich den Gang hinaus zurück ins Freie.

„Willst du, dass ich ein Video von deiner Tat mache, mein Meister?", fragte Markus mit roten Wangen. „Logo", antwortete Lukas euphorisch. Geschickt zog Markus sein nagelneues Smartphone heraus und schaltete es an. „Liebe Zuschauerinnen und Zuschauer, sehr verehrte Damen und Herren, hier sehen Sie die Fußballschuhe unseres unfassbar untalentierten Fußballkameraden Tim, der für diese Schuhe eine regelrechte Schande ist. Deshalb bin ich, Lukas, gekommen, um die Gerechtigkeit in der Welt des Fußballs zurückzubringen", sagte Lukas mit lauter Stimme, in die Kamera blickend, die sein Freund Markus auf ihn gerichtet hatte, und Markus schwenkte die Kamera auf die nahegelegene Mülltonne. Mit schwungvollen Bewegungen hob Lukas den Deckel der Mülltonne in die Höhe und katapultierte die neongrünen Schuhe samt rotem Beutel zu verschimmeltem Obst und leeren Konservendosen.

„Komm, Lukas, verschwinden wir, damit uns der Hausmeister nicht bei seiner Arbeit sieht!", entgegnete Markus und lief mehrere Schritte auf den Eingang der Umkleidekabine zu. „In Ordnung, aber das Video zeigst du niemandem", raunte Lukas seinem besten Freund zu. Er nickte zustimmend, und die Freunde verschwanden im Inneren des Gebäudes. Drinnen angekommen zogen sie sich in Rekordzeit um, gesellten sich zu ihren Sportkameraden, und Lukas ließ sich noch ein bisschen als Held feiern.

Gute zehn Minuten später platzte Tim mit völlig zerzausten Haaren und nur mit blauen Boxershorts gekleidet in den Raum. „Wer von euch Pappnasen hat meine Fußballschuhe geklaut?", schrie er völlig außer sich. An manchen Stellen kippte dabei sogar seine Stimme. Normalerweise war Tim sehr wortkarg und ließ sich kaum aus der Fassung bringen. Auch als er im Sommer nach zwei Jahren im Team nur auf der Ersatzbank sitzen musste, nahm er diese „Erniedrigung", wie er fand, mit großer Würde an und stellte den Trainer bei seiner Entscheidung nicht in Frage. Doch für seine schönen Schuhe hatte er ein ganzes Jahr sein Taschengeld sparen müssen, bis er sie sich endlich leisten konnte. Ganze zweihundert Euro verschlang der Kauf.

„Seid ihr taub? Wo sind meine Schuhe?", echauffierte Tim sich ein weiteres Mal, dass die Wände fast zu wackeln anfingen.

Hilflos irrten seine Augen zu jedem Einzelnen seiner Fußballkameraden. Zum Schluss blickte er zu Lukas, der in der Mitte des Raumes stand. Tim schrie erbost: „Du Scheusal, du hast sie gestohlen!" Lukas behielt einen, für seine Verhältnisse, kühlen Kopf und antwortete gelassen: „Ich, wieso ich? Was soll ich denn mit deinen Lumpen? Ich habe deine Latschen bestimmt nicht. Was soll ich mit dem Schrott?"

Lukas zeigte ein überhebliches Lächeln und scheute Tims Blick aus dessen zu Schlitzen geratenen Augen nicht. Er konnte sich sicher sein, dass die Mannschaft hinter ihm stand, vor allem nach diesem Spiel.

Doch auf einmal rannte Tim, getrieben von seiner Verzweiflung, auf Lukas zu und verpasste ihm einen kräftigen Schlag ins Gesicht. Lukas war vollkommen überrascht von diesem Angriff und fiel wie ein nasser Sack auf den Boden.

Gerade in diesem Moment kam der Trainer mit einer leichten Alkoholfahne in den Raum. Er ließ seine Augen durch den stickigen Raum schweifen und fixierte Tim, der sich langsam und zitternd dem Ausgang näherte. „Was hast du denn angerichtet, Tim?" „Nichts, nichts!", kam es verdattert zurück, „ich wollte das nicht, wirklich!" „Er hat mich geschlagen, und er behauptet, dass ich seine Fußballschuhe geklaut hätte. So ein Blödsinn. Und jetzt hat er mir bestimmt den Kiefer gebrochen", erklärte Lukas. Er fühlte sich in der Opferrolle sichtlich wohl. „Tim, du gehst jetzt sofort raus, räumst das Feld auf und baust deine Aggressionen ab. Deine Eltern werden von deinem Verhalten auch nicht begeistert sein. Also mach dich auf großen Ärger gefasst!", sagte der Trainer bestimmt.

Tim kämpfte mit den Tränen und rannte hinaus. Er war völlig aufgewühlt und wollte am liebsten weit weglaufen und sich bei seiner Mutter in den Arm legen und friedlich einschlafen. Doch das hätte auch nicht geholfen. Er hatte sich sowieso schon vor der gesamten Mannschaft zum Affen gemacht hat. Lukas dagegen starrte durch das zerkratzte Kabinenfenster nach draußen und beobachtete Tim, der schwitzend arbeitete.

Er hielt einen Kühlakku ans Auge und gab vor, dass ihm immer noch übel wäre. „Ich gehe mal zur Toilette", sagte Markus. Lukas reagierte nicht und schloss seine braunen Augen.

Ohne Vorwarnung stieß der Trainer plötzlich die Sanitätstür ruckartig auf, sodass Lukas zusammenzuckte:

„Was bist du nur für ein verlogener Junge? Du lügst uns an und spielst das leidende Opfer, du Dieb!", schrie der Trainer laut und packte Lukas am Genick. „Aber woher wissen Sie das alles?", stotterte Lukas. „Das geht dich gar nichts an!", antwortete der Trainer, zerrte Lukas unsanft auf das Feld und drückte ihm einen Rechen in die Hand. Als Lukas aufblickte sah er Tim, der voller Freude seine Schuhe in den Händen hielt. „Ihr beide beeilt euch jetzt, damit ich meine U-Bahn noch bekomme", erklärte der Trainer und deutete mit dem Zeigefinger bedrohlich auf die beiden. Als der Trainer wieder aus ihrem Blickfeld verschwand, schnauzte Lukas Tim boshaft an: „Das ist alles nur wegen dir passiert!" „Ja, klar, natürlich bin ich schuld. Hättest du meine Schuhe nicht in den Mülleimer geworfen, wäre ich jetzt nicht hier", nuschelte Tim leise. Sein Erzfeind hatte jedoch jedes Wort verstanden, und diese Ansage machte ihn nur noch wütender: „Leg dich bloß nicht mit mir an, sonst kannst du dich auf was gefasst machen!" Tim nahm seinen gesamten Mut zusammen und fragte: „Auf was kann ich mich denn gefasst machen?" Wütend hob Lukas seine Hand in die Höhe, doch genau in diesem Moment kam der Trainer zurück und brachte die Situation schnell wieder unter Kontrolle.

Eine weitere Strafpredigt des Trainers war die unangenehme Folge, während Tim schüchtern auf den gemähten Rasen blickte. Etwas benommen schweiften seine Augenpaare umher, bis Tim plötzlich, durch die Beine des Trainers, Lukas' Fußballschuhe erblickte. Dieser Anblick machte ihn nachdenklich. Tim war noch nie aufgefallen, wie schäbig diese Schuhe doch waren. Sie glänzten nicht mehr, sondern waren von dem jahrelangen Benutzen an allen Seiten braun und an manchen Stellen sogar großflächig durchlöchert. Tim hatte seinen Erzfeind immer als den talentierten Sportler und beliebten Menschen gesehen, der zielstrebig seine Ziele verfolgt und nichts mit Außenseitern gemeinsam hat. Nie hatte Tim einen Gedanken daran verschwendet, dass Lukas nicht das perfekte Leben lebte, von dem er immer träumte. Oft hatten seine Gedanken an Lukas bei Tim eine Welle von Eifersucht ausgelöst, die sich dann in Wut und Trauer über seine eigenen geringen sportlichen Fähigkeiten umgewandelt hatte. Aber nun sah er die Schuhe, die ganz und gar nicht in dieses Bild passten.

Der Trainer kam langsam zum Ende seiner feurigen Ansage und ließ sie erst nach zehn Minuten wieder alleine arbeiten. Die beiden fegten widerwillig und bemühten sich ihre Strafarbeit so schnell wie möglich zu beenden. Als nur noch eine kleine Fläche des Feldes mit Blättern bedeckt war, legte sich bei Tim der Groll und er begann seine Situation zu analysieren. Einige Minuten später blickte Tim vorsichtig in das verschwitzte Gesicht von Lukas und fragte: „Hättest du Lust, morgen bei mir im Garten mit den Nachbarskindern Fußball zu spielen?" Lukas blickte auf und verzog seinen Mund zu einer hässlichen Grimasse. Er stand auf, nickte und verließ nach getaner Arbeit stumm das Feld ohne ein weiteres Wort mit Tim zu wechseln. Währenddessen sah Tim ihm nachdenklich hinterher und fragte sich murmelnd: „Was war das heute nur für ein merkwürdiger Tag?"

Lea Sophie Keller

Die Zeit

Tick tack tick tack
Sekunde für Sekunde
Stunde für Stunde
Tag für Tag
Um einen Schlag
Ich bin die Zeit
Ich sag nur die Wahrheit

Sag mir die Wahrheit
Du liegst die ganze Zeit
Seit deiner Kindheit
Versinkst im Mitleid
Aus Faulheit
Hast angeblich Arbeit
Verlierst an Glaubwürdigkeit
Ich weiß bescheid

Tick tack tick tack
Sekunde für Sekunde
Stunde für Stunde
Tag für Tag
Um einen Schlag
Ich bin die Zeit
Ich sag nur die Wahrheit

Sag mir die Wahrheit
Du versäumst dein Leben
Verträumst dein Leben
Musst es zugeben
Dein Leben ausleben
Nicht mehr träumen, zu schweben
Nicht das Falsche anstreben
Das bedeutet, du musst leben

Tick tack tick tack
Sekunde für Sekunde
Stunde für Stunde
Tag für Tag
Um einen Schlag
Ich bin die Zeit
Ich sag nur die Wahrheit

Sag mir die Wahrheit
Du träumst davon
Du in Aktion
Machst eine Exkursion
In eine andere Nation
Bekommst einen Sohn
Triffst eine liebe Person
Entdeckst eine neue Dimension
Doch das ist alles nur Fiktion

Tick tack tick tack
Sekunde für Sekunde
Stunde für Stunde
Tag für Tag
Um einen Schlag
Ich bin die Zeit
Ich sag nur die Wahrheit

Ich sag die Zukunft
Du bist alt
Verlierst jeden Halt
Eine Schreckensgestalt
Ohne jeden Inhalt
Sterben wirst du bald

Tick tack tick tack
Sekunde für Sekunde
Stunde für Stunde
Tag für Tag
Um einen Schlag
Ich bin die Zeit
Ich sag nur die Wahrheit

Du wirst erzählen
Du warst fast in Aktion
Machtest fast eine Exkursion
Warst fast in einer anderen Nation
Hattest fast einen Sohn
Trafst fast eine liebe Person
Entdecktest fast eine neue Dimension
Doch am Ende war es doch nur eine vergangene Vision

Tick tack tick tack
Sekunde für Sekunde
Stunde für Stunde
Tag für Tag
Um einen Schlag
Ich bin die Zeit
Ich sag nur die Wahrheit

Ich bin unendlich
Du bist sterblich
Lebenslänglich
Völlig erbärmlich
Niemals herzlich
Du hasst dich
Niemals abenteuerlich
Das Leben ist einmalig
Nie warst du lebendig
Der Tod tut weh, wenn man nicht gelernt hat zu leben.
Und dein Leben ist vergangen, bevor es angefangen hat!

Tick tack tick tack
Sekunde für Sekunde
Stunde für Stunde
Tag für Tag
Um einen Schlag
Tot
Ich bin die Zeit
Ich sag nur die Wahrheit
Sag mir die Wahrheit
Lebst du oder bist du nur?
Frage das deine innere Uhr!

Catriona Koch

Schwingen des Winters

Fast fünf Jahre ist es nun her, dass die Tragödie begann. Meine Mutter hat mir und meinen Geschwistern oft mit leiser Stimme davon erzählt.

Es hatte sich über viele Sonnenaufgänge hingezogen, jeder ein bisschen blasser als der vorhergehende. Jede Mittagssonne war kälter und schwächer gewesen als die vorige, bis es schließlich im Spätsommer so kalt wie im Winter war. Wir wussten nichts über das Verblassen der Sonne – nur, dass wir nichts dagegen tun konnten. Also litten wir. Es gab immer weniger Futter, die verkümmernden Bäume gaben kaum noch Schutz und die Kälte hielt jeden in fester Klaue – viele zu fest.

Aber das war nicht das Schlimmste an der Sonnenkälte, hatte Mutter gesagt. Bei uns herrschten eisige Temperaturen, aber die nördlichen Gefilde waren völlig erstarrt. Alles Leben musste fliehen. Die Tiere reisten nach Süden, um sich in wärmeren Regionen niederzulassen. Zu unserem Wald kamen die meisten nur auf der Durchreise oder sie ließen sich in kleinen und friedlichen Gruppen irgendwo in den Weiten der Bäume und Sträucher nieder. Ein Stamm aber nicht. Ein Stamm blieb hier und beanspruchte den Wald in blutiger Weise für sich.

Geschöpfe mit kalten Augen, mit Federn so weich wie Schnee, Schwingen so leise wie ein gefrorener Bach und so weiß wie das Eis am Ufer des Sees, hatten es sich in den Kopf gesetzt, dieses Land aus Machtgier und Stolz zu ihrem eigenen zu erklären. Ein grausamer Krieg wurde entfacht, hunderte Spatzen und dutzende Eulen verloren ihr Leben. So hat Mutter es erzählt.

Aber ich wusste, dass es um etwas anderes ging. Es ging ums Überleben und womöglich würde bald kein Spatz mehr in diesen Wäldern singen. Deshalb kämpfe ich. Nicht für Ehre und nicht aus Blutdurst, sondern um meine Familie und mein Zuhause zu beschützen. Mein Name ist Gorion und ich werde diesen Krieg beenden, das schwöre ich!

***

Die Sonne schien schwach durch einen dunklen Schleier, der wie ein Schatten über dem gräulich-weißen Schnee lag. Helle Flocken bedeckten den Boden, die Bäume und das Unterholz. Noch nie war es so still gewesen im Wald und ich fragte mich, ob es je wieder so werden würde, wie es früher war.

Ich tapste aus dem leeren, kalten Nest, welches einst mein Zuhause gewesen war. Jetzt konnte man es schwerlich noch so nennen. Die Eiche, auf deren breitestem Ast das Nest lag, war kahl und die Blätter, die es einst umgaben, waren abgefallen und verrotteten auf dem Boden. Sein Anblick erfüllte mich mit tiefem Kummer. Es war gebaut worden, um sechs Spatzen Unterkunft zu bieten, aber dennoch schliefen nur drei darin. Mutter ist an der Kälte und Vater durch die Krallen einer Eule gestorben und meine Schwester Aleta wurde seit zwei Jahren nicht mehr gesehen. Ich spreizte meine Flügel und ließ mich herabgleiten.

„Wohin geht es heute?", fragte ich, als Revolo und ich die vier großen Eichen verließen. „Zum Eispass an der verschneiten Buche", antwortete mir eine helle und freundliche Stimme. „Hier gibt es doch nur eisige Pässe und verschneite Buchen", ertönte eine tiefere Stimme über mir. Ich blickte zur Seite und sah meine kleine Schwester Maripa, die mir freundlich zuzwinkerte, und wich erschrocken zurück, als mein großer Bruder Gorjar im Sturzflug an mir vorbeischoss. Revolo schnaubte, doch er tadelte ihn nicht dafür.

Ich ließ Revolo und meinen Geschwistern die Führung und bildete zusammen mit Ondar die Nachhut. Wir flogen an schneebedeckten Felsen, eisigen Bäumen und erfrorenen Bächen vorbei. Der Schnee dämmte jeden Laut und eine bedrückende Stille machte sich breit, kälter als die Luft selbst. Von der grausamen Ruhe gelähmt, bemerkte ich beinahe nicht, wie Revolo unsere Gruppe auf einen hohen, noch relativ dicht bewachsenen Baum lenkte. Leise landeten wir auf einem Ast und drängten uns um unseren Fürsten.

„Ihr habt sie auch gesehen?", flüsterte Gorjar leise und schaute jeden mit wilden Augen an. Ich war verwirrt. „Was gesehen?", fragte ich ebenso leise. Maripa deutete mit ihrem Flügel auf einen kleinen Baum unter uns. „Du kannst es von hier nicht sehen, aber auf der Erle da sitzt eine Schneeeule!" Ich riss schockiert die Augen auf. „Und jetzt?", fragte Ondar mit einem Zittern in der Stimme. Revolo schaute kurz nach unten. „Als Allererstes: keine Panik, ihr müsst euch nicht fürchten. Ihr alle seid tapfere Krieger, ausgebildet darin, eure Krallen und Schnäbel gezielt einzusetzen. Außerdem handelt es sich bei diesem Feind um die Eulengräfin Shibi. Shibi ist alt und schwach und hasst den Kampf. Sie wird uns nicht angreifen und sie wird sich nicht viel wehren können. Sie wird leicht zu töten sein."

Revolo breitete schon seine Schwingen aus, als ich erstaunt fragte: „Wenn sie uns nichts tut ... Warum greifen wir sie dann an?" Revolo sah mich mit funkelnden Augen an. „Shibi gehört zu den Eulen, die unser Land eingenommen und erobert haben. Willst du fliehen wie ein elender Feigling, oder hilfst du uns, deinen Vater zu rächen?" „Aber ...", murmelte ich, brach aber ab, als Maripa mich mit glühenden Augen anstarrte. „Was aber? Diese Eulen haben Papa umgebracht und hunderte andere Spatzen! Und du willst sie am Leben lassen? Auf welcher Seite bist du eigentlich?!"

Wut brandete in mir auf und ich funkelte meine Schwester an. Ich wollte ihr widersprechen, doch ein wütender und gequälter Schrei hielt mich davon ab. Gorjar, Revolo und Ondar hatten sich auf Shibi gestürzt und hackten mit ihren Schnäbeln auf die kreischende alte Eule ein. Shibi schlug mit den Flügeln und schnappte mit ihrem Schnabel nach den Spatzen. Sie versuchte Revolo mit ihren Krallen wegzuschlagen, doch Maripa hatte sich auf ihre Beine gestürzt. Blut spritzte auf den weißen Schnee, verklebte Shibis Gefieder und beschmutzte die Flügel meiner Kameraden. Die Eule schrie und weinte voller Schmerz, während meine Geschwister, Ondar und Revolo kreischend und knurrend auf sie einschlugen.

Ich wusste, sie dachten, sie würden etwas Ehrenhaftes tun. Sie dachten, sie könnten so Familie, Freunde und Kameraden rächen. Sie dachten, sie könnten durch den Mord an einer Schneeeule den Eindringlingen zeigen, dass sie verschwinden sollten. Sie dachten tatsächlich, sie würden das Richtige tun. Doch Mord ist keine Lösung, Rache keine Gerechtigkeit. Und als ich den Schatten über mir sah, wusste ich, dass Gewalt und Tod nur zu noch mehr Gewalt und Tod führten.

Eine riesige Schneeeule landete neben meinen Kameraden. Als sie den Kopf drehte, konnte ich die dicke Narbe sehen, die sich über ihr milchiges rechtes Auge zog. Ein Name flammte in meinem Kopf auf. Diese Eule hieß Fei, war aber besser bekannt als Die Rote Schneeflocke. Fei galt als der tödlichste und gefährlichste der Eulenpaladine.

Panisch versuchte ich meine schockstarren Flügel zu bewegen, als ich einen hohen, schrillen Schrei hörte. Mein Kopf schnellte nach oben und ich konnte sehen, wie Gorjar zu Boden stürzte, sein rechter Flügel blutig und geknickt. Trotz der Schmerzen breitete ich meine Schwingen aus, erhob mich in die Luft und raste auf ihn zu. Ich hatte Gorjar fast erreicht und streckte meinen Kopf und meine Beine aus, um ihn besser packen zu können. Nur noch wenige Zentimeter ...

Ich vergrub meine Krallen in seinem Rücken und wurde sofort von seinem Gewicht nach unten gezogen. Auf meinen Flügeln schmolz fallender Schnee, als ich mich wieder stabilisierte und langsam auf die weiße Decke unter uns segelte. Ich keuchte vor Anstrengung und mein Herz schlug laut in meiner Brust. Ich legte Gorjar vorsichtig ab und er stöhnte gequält auf. Erst jetzt konnte ich die tief klaffende Wunde in seinem Körper sehen, aus der dunkles Blut auf den Schnee floss und sich mit dem bereits trocknenden von Shibi vermischte. „Gorion ...", seufzte er. Blut sickerte aus seinem Schnabel und seine Augen waren trüb und traurig. Nie habe ich mich so unnütz und schwach gefühlt. Ich neigte meinen Kopf und schloss meine Augen. „Es tut mir leid", flüsterte ich schließlich mit bebender Stimme, denn zu mehr war ich nicht im Stande. „Es tut mir so leid", sagte ich nochmals, auch wenn ich wusste, dass Gorjar mich nicht mehr hören konnte.

Als ich meine Augen wieder öffnete, lag ein riesiger Schatten über mir. Entsetzt drehte ich mich um und starrte in das milchige, weiße Auge Feis. Blut befleckte das Gefieder der Eule, aber bis auf ein paar kleine Kratzer konnte ich keine Verletzungen sehen. Woher kam aber dann das ganze Blut? „Deine kleinen Freunde haben einen großen Fehler gemacht!", ertönte Feis Stimme mit der Kälte eines gefrorenen Baches. Er starrte auf mich herab, sein verbliebenes Auge zeigte keine Gefühlsregung und glänzte kalt und klar wie ein Stück Eis. „Wenn alle erfrieren, weiß am Ende keiner mehr, dass es jemals Winter gab", murmelte er dann kaum hörbar und streckte seine riesigen, rot gefärbten Schwingen aus.

Erst als ich sicher war, dass Fei nicht zurückkehrte, flatterte ich zu den anderen Körpern, die im tiefen Schnee lag. Meine Augen weiteten sich vor Entsetzen, als ich Revolos, Ondars und Maripas Leiber entdeckte. „Revolo! Maripa! Ondar!" Keiner von ihnen antwortete. Keiner von ihnen machte überhaupt irgendein Geräusch. Wankend stolperte ich von den Leichen zurück. Tiefe Schwärze und Kälte umfingen mich. War das die Gerechtigkeit, die jeder wollte? War dies ein ehrenhafter Tod?

***

„...orion...", „Gorion!" Ich wachte auf und mein Blick traf hellbraune Augen mit goldenen Sprenkeln; Augen, wie ich sie hatte. „Wo ... bin ich?", dachte ich laut. „In Sicherheit!", antwortete eine hohe Stimme, die sich langsam entfernte. „Ich bringe dir etwas Essen und Trinken. Ruh dich besser aus. Du bist komplett unterkühlt und deine linke Schwinge und zwei deiner Krallen sind gezerrt."

Als ich abermals aufwachte, lagen einige Körner neben mir und in einer Mulde glitzerte geschmolzener Schnee. Hungrig pickte ich die Körner auf und trank das Wasser. So gestärkt konnte ich nun auch den Ort, an dem ich mich befand, in Augenschein nehmen. Es war kühl, aber nicht kalt und ich konnte sehen, dass ich auf einem Bett aus Moos lag. Ein ausgehöhlter Stamm, den ein Einzelgänger bewohnte? Gut möglich. Aber wieso sollte sich jemand dafür entscheiden, alleine in diesem gefährlichen Wald zu leben?

„Ich sehe, du hast gegessen", bemerkte die merkwürdig vertraute Stimme und ich konnte sehen, wie ein einzelner, unscheinbarer Spatz durch ein größeres Loch in den Stamm flatterte. „Aleta!", rief ich und wollte auf meine totgeglaubte Schwester zustürzen, doch meine gezerrten Krallen hielten mich davon ab. „Was machst du hier? Was ist mit dir passiert? Warum bist du nicht zu uns zurückgekehrt?" Aleta sah mir fest in die Augen. „Das spielt keine Rolle." „Doch!", widersprach ich meiner Schwester sofort. „Das tut es! Wir haben dich vermisst! Maripa, Gorjar, Mama, Papa und ich haben seit dem Tag, an dem du verschwunden warst, um dich getrauert. Wir dachten, du seist tot! Also sag mir bitte, wieso du gegangen bist!" Aleta seufzte. „Ich denke nicht, dass du es verstehen wirst …" „Erzähl es mir trotzdem! Vielleicht kann ich es verstehen, ich möchte es verstehen!"

Meine Schwester sah mich zögernd an, dann wandte sie den Blick ab und schaute durch eines der Löcher auf den schneebedeckten Wald. „Wir waren auf Patrouille. Alles war ruhig, doch dann entdeckte Revolo ein Schneeeulennest. Die Eltern waren auf der Jagd und die drei Jungen waren alleine ..." Ihre Stimme begann zu beben und meine Augen weiteten sich vor Entsetzen. Ich hatte eine schreckliche Vorahnung. „R-Revolo sagte, wenn sie erst erwachsen wären, würden sie uns jagen und töten. Er sagte ... es wäre zu unserem eigenen Schutz ..."

Natürlich war sie geflohen. Wer könnte nach solch einer Tat wieder an einen Ort zurückkehren, wo solche Verbrechen gelobt und bewundert wurden? Wer könnte danach noch unter einem Fürsten leben, der keinerlei Reue oder Scham für den Mord an unschuldigen Kindern und Alten empfand?

Drei Tage später war ich wieder gesund genug, um den hohlen Baumstamm verlassen zu können. „Wohin wirst du jetzt fliegen?", fragte Aleta mich. „Zur Spatzengemeinschaft?" Ich nickte. „Sie müssen erkennen, was für ein Monster Revolo war. Dass das Kämpfen und das Töten der Eulen zu nichts führt." „Das ist schön und gut, aber wie willst du das anstellen? Wie willst du die Kämpfe stoppen?", fragte Aleta. „Indem ich der neue Sperlingsfürst werde", scherzte ich. „Danke, Aleta ... und auf Wiedersehen ..." Meine Schwester lächelte mich an. „Lebe wohl; ich bin mir sicher, du wärst ein wunderbarer Anführer!"

Es begann, wieder leicht zu schneien, als ich die Eichen meiner Spatzengemeinschaft entdeckte. Ein Kloß bildete sich in meinem Hals. Alles in mir widerstrebte der Rückkehr zu meinen ehemaligen Kameraden, aber ich musste da durch. Zum Wohle aller Spatzen, der Eulen und des ganzen Waldes. Im Sturzflug schoss ich auf die winzige Lichtung in der Mitte der Bäume zu, bremste abrupt ab und ließ meine Flügel ausgestreckt. Der Auftritt war etwas zu dramatisch für meinen Geschmack, aber ich brauchte die Aufmerksamkeit aller Spatzen.

Nach einem kurzen Moment der Stille machte sich Raunen und Flüstern unter den anderen Sperlingen breit. Dann kamen die Fragen. „Wo ist Revolo?" „Bist du das etwa, Gorion, wo sind die anderen?" „Was ist mit Gorjar, Revolo und den anderen passiert?" „Gorion?" „Was ist geschehen, wo warst du?" Meine Augen schweiften über die versammelten Spatzen. Kaum ein Krieger war mehr hier und die, die anwesend waren, trugen Narben und Verletzungen. „Was ist hier passiert?", rief ich laut, um die anderen zu übertönen.

„Nachdem Revolo und seine Patrouille nicht mehr zurückkehrten, sandten wir in Abständen all unsere übrigen Krieger aus, um ihn zu finden", antwortete mir einer der älteren Spatzen. Nun trat einer der Verletzten vor. „Auf der Suche nach unserem Fürsten sind wir immer tiefer in die Gebiete der Eulen eingedrungen. Viele haben diese Missionen nicht überlebt, die wenigen, die zurückkehrten waren schwer verletzt – wie ich."

Ich schnaubte. „Revolo ist tot, genau wie Gorjar, Maripa und Ondar. Ich habe als Einziger überlebt." Die Augen der anderen Spatzen weiteten sich im Schock und manche füllten sich sogar mit Tränen. „Wer hat sie ermordet? Wer war das?!", schrie ein alter Sperling mit vor Wut funkelnden Augen. „Fei!", antwortete ich ruhig.

Knurren und Krächzen ertönte nun aus der Gruppe der Spatzen. „Wir müssen die Eulen dafür bluten lassen! Niemand darf unseren Fürsten und seine Männer ungestraft ermorden." Beifall und zustimmende Rufe erklangen zur Folge. „Ja! Ich bin dafür, wir brechen gleich morgen bei Sonnenaufgang auf! Die ganze Gemeinschaft, unsere geballte Macht! Es wird Zeit, diesen Eulen und insbesondere Fei eine Lektion zu erteilen!" „Genau!" „Richtig so!" „Es wird Zeit zurückzuschlagen."

Ich seufzte. „Wir werden gar nichts dergleichen tun!", rief ich und sprang auf einen kleinen Stein, um einen besseren Überblick über die Versammlung zu gewinnen. „Selbst wenn wir alle zusammen kämpfen, glaubt ihr ehrlich, ihr hättet den Hauch einer Chance? Ihr würdet es alle gemeinsam nicht mal hinkriegen, Fei auch nur einen Kratzer zu verpassen! Und glaubt ihr, die Eulen würden euch das durchgehen lassen? Nein, sie werden euch alle einzeln umbringen. Ihr seid alle solche Narren! Glaubt ihr ernsthaft noch, das wir mit Gewalt gegen die Eulen ankommen?"

„Du willst uns also dazu aufrufen, unsere Toten zu vergessen, den Mord an unserem Fürsten zu ignorieren?", rief einer der verletzten Krieger. „Nein!", antwortete ich. „Ich will euch dazu aufrufen, mit den Eulen Frieden zu schließen …", weiter kam ich nicht. „Unmöglich!" „Die Eulen haben doch damit angefangen, wir können auf keinen Fall mit ihnen Frieden schließen!" „Das geht auf gar keinen Fall, hast du überhaupt keinen Respekt vor den Taten unseres Fürsten!" Die letzten Worte waren zu viel für mich. „Revolo war ein Monster, das für seine unverzeihlichen Taten gegenüber Wehrlosen seine Strafe erhalten hat!", schrie ich. "Was für Taten, was redest du da, Gorion?" "Revolo hat nie etwas Unverzeihliches getan!" "Lügner! Lügner! Lügner!"

"RUHE!" Meine Augen weiteten sich überrascht, als ein kleiner Spatz durch das Laub schoss und neben mir auf dem Stein landete. "Aleta!", rief ich erstaunt. "Du bist mir nachgekommen!" Meine Schwester lächelte mich an. "Ich hatte Angst, du kriegst Machtübernahme und Friedensplan alleine nicht hin. Da wollte ich meinen kleinen Bruder doch nicht im Stich lassen." Ich seufzte. "Du siehst ja, wie gut es bei mir gerade läuft. Wie kann ich sie nur davon überzeugen einen friedlichen Weg zu finden?"

Meine Schwester breitete ihre Flügel aus. "Hört alle her! Ich habe Ondars, Maripas, Gorjars und Revolos Leichen gesehen und ich trauere genauso um sie wie ihr. Aber ich habe auch von streunenden Tauben, herumstreifenden Eulen und wandernden Spatzen erfahren, wie die Dinge bei den Schneeeulen liegen. Sie brauchen den Frieden ebenso wie wir. Und ich frage euch, wie ist dieser Krieg überhaupt entstanden? Ist er wegen Streit um Platz entstanden? Dieser Wald ist groß genug für alle Spatzengemeinschaften und alle Eulenstämme. Wegen Nahrung? Alle haben Hunger, aber wir essen Körner und Schneeeulen essen Mäuse. Dieser Krieg ist entstanden, weil wir alle – Eulen und Spatzen – nicht teilen und tolerieren wollten. Aber manchmal muss man das, manchmal muss man in Zeiten der Not zusammenhalten, auch wenn einem seine neuen Kameraden vielleicht nicht zusagen. Wir haben keinen Einfluss darauf, dass unsere Federn braun und deren Federn weiß sind. Aber es liegt in unseren Krallen, ob wir kämpfen und sterben oder in Harmonie mit unseren Nachbarn leben wollen."

Ich blinzelte meine Schwester beeindruckt an, nachdem sie geendet hatte. Ihre Augen funkelten und ihre Flügel zitterten etwas vor Aufregung. Die Sperlinge unter uns starrten uns ungläubig an, bevor sie ihre Köpfe zusammensteckten und lautes empörtes Gezwitscher anhub. Ich war sicher, die Stimme des Veteranen auszumachen, der forderte, uns aus der Spatzengemeinschaft auszuschließen.

„Glaubst du, sie werden nun den Weg des Friedens einschlagen?", fragte ich Aleta, die mit den Schultern zuckte. „Hoffen wir es, sonst bist du demnächst ein Ausgestoßener!"

***

Es ging ein frischer Wind und die Sonne stand hoch über den kahlen Bäumen, als Aleta und ich hastig von der Spatzengemeinschaft wegeilten. Meine Schwingen schmerzten schon vor Anstrengung, als plötzlich ein heller Schemen vor uns auftauchte und meine Schwester und ich erschrocken zurückflatterten. Vor uns ragten zwei Schneeeulen auf: „Was wollt ihr hier? Verschwindet oder wir reißen euch jede Feder einzeln heraus!"

Ich sah etwas panisch und nervös zu Aleta, die äußerlich einen kühlen Kopf zu behalten schien: „Wir möchten in euer Lager!" Eine der Eulen lachte spöttisch auf: „Warum? Wir können euch auch gleich hier erledigen!" Doch die andere sah uns prüfend an und sagte nur: „Folgt mir."

Als wir die Eulensiedlung, tief verborgen in einem undurchdringlichen Teil des Waldes, anflogen, wusste ich kaum, wo ich zuerst hinsehen sollte. Ungefähr fünfzig

Bäume waren von Eulen bewohnt, die uns mit großen, gelben Augen anstarrten. Ich sah alte Eulen, junge Eulen, Eulenweibchen und Eulenmännchen. „Es ist hier ja wie zu Hause", murmelte ich. „Ja", stimmte meine Schwester zu. Keine der Eulen schien uns angreifen zu wollen, aber ich bemerkte ihre feindseligen Blicke auf mir.

Wir landeten schließlich auf einem breiten Ast, der von Eis und Schnee schwer herabhing. „Wartet hier auf unseren Grafen!", befahl einer unserer Begleiter und kam beinahe sofort mit einer großen ehrfurchtgebietenden Eule wieder. Der neue Anführer dieses Stammes war Fei – und er erkannte mich! „Was willst du hier?", fauchte der ehemalige Paladin und sein gesundes Auge funkelte vor Zorn.

Ich schluckte schwer, doch ich nahm all meinen Mut zusammen, während ich auf den Ast vor uns blickte. Ein Sonnenstrahl fiel direkt zwischen Fei und mir hindurch und ein einzelner Tropfen schmelzenden Eises rann von dem Ast herab. Ich holte tief Luft, blickte kurz zu Aleta und dann wieder zu Fei: „Wir sind hier, um Frieden zu schließen!"

Julia Laux

Endlich war er ganz allein

So schwarz wie die Nacht war, so düster waren seine Gedanken. Vernichtung – das war das einzige Wort, das ihm in den Sinn kam. Er wollte sie vernichten. Keine soziale Vernichtung, nein – er wollte sie auslöschen. Für das, was sie ihm angetan hatte. Sie dachte wohl, sie könne ihn zum Narren halten. Haha. Wie leichtsinnig sie doch war. Unschuldig wie ein kleines Mädchen ging sie direkt neben ihm die laternenbeleuchtete Straße entlang. Ein Abendspaziergang. So nannten sie das Ganze immer. Abendspaziergang. Der Tag neigt sich dem Ende, komm lass uns spazieren gehen. Und dieser eine würde ihr letzter sein. Sie hatte nicht den Hauch einer Ahnung, was am Ende dieses Weges auf sie warten würde. Sie wirkte so fröhlich, wie sie meine Hand hielt und zu den Sternen aufsah, in der Hoffnung eine Sternschnuppe zu sehen, die ihr all ihre Wünsche erfüllte. Sie war so naiv. Ihre Lippen waren rot geschminkt, rot wie Blut. Jetzt denkt ihr bestimmt alle an Schneewittchen – ihre Haut war weiß wie Schnee, ihr Haar schwarz wie Ebenholz und ihre Lippen waren rot wie Blut. Was war noch mal mit Schneewittchen passiert? Oh ja, sie war von der Hexe vergiftet worden. Auch eine denkbare Option. Aber so würde sie womöglich nachher nicht wissen, dass der Täter ihr Ehemann war. Nein, er wollte seine Frau wissen lassen, wem sie ihr persönliches Ende zu verdanken hat. Er wollte sie wimmern hören – sie sollte weinen, um sich schlagen, schreien – und keiner sollte sie hören. Genau das hatte sie ihm nämlich angetan.

Nein, eigentlich war es sogar noch viel schlimmer gewesen. Sie sollte gefälligst dankbar sein, dass er sich nichts Schlimmeres für sie hatte einfallen lassen. Denn das, was sie getan hatte – ihn mit seinem eigenen Bruder zu betrügen –, war wohl viel entwürdigender als alles, was er ihr antun konnte. Ihr Tod sollte sein wie der Untergang der Titanic. Unerwartet, erschreckend langsam, qualvoll und kalt, bis am tiefsten Abgrund schließlich ihr Licht erloschen sein würde. So hatte er das geplant. Ihre Hand schloss sich für einen Augenblick fester um seine, als hätte sie bemerkt, dass seine Gedanken ganz woanders waren. Also drückte er ihre Hand kurz zurück. Ein Händedruck. So zärtlich, so liebevoll. Er stellte sich stattdessen vor, wie er ihre Hände zerquetschte, bis sie nur noch Pulver waren. Sie hatte so schmutzige Hände.

Während sie weiter von ihrem Cousin in Timbuktu erzählte, zählte er die Schritte, die sie gemeinsam zurücklegten. Sechs. So viele Jahre waren sie verheiratet gewesen. Letztes Jahr hatten sie ihren fünften Hochzeitstag im Kreis der Familie bei einem schönen Dinner gefeiert – da war sein Bruder natürlich auch dabei gewesen. Er hätte merken müssen, dass sie ein Auge auf ihn geworfen hatte. Sie war die ganze Zeit bei ihm gewesen – natürlich nur, um ihn zu unterhalten. Er war ja ohne Begleitung gekommen. Dreiundzwanzig. So viele Jahre kannten sie sich nun schon. Zweiundfünfzig. So viele Wochen im Jahr hatte er sich um das Wohlergehen seiner Frau gesorgt, sie gesund gepflegt, wenn sie krank war, ja, er hatte sie förmlich auf Händen getragen. Doch das alles war nun vorbei. Er sah in seiner Frau nichts weiter als eine Täterin, eine hinterlistige Schlampe, eine Hure. Ein ekliges Stück Fleisch, das nun den Hunden zum Fraß vorgeworfen werden konnte. Siebenundsiebzig. So viele Tage waren nun vergangen, seit sie ihm von der Schwangerschaft erzählt hatte. Einhunderteins. So viele Tage waren vergangen, seit sie ihm fremdgegangen war. Einhundertsechzig. So viele Quadratmeter hatte ihre gemeinsame Wohnung, in der sie ihn betrogen hat. Einhundertsechsundneunzig. Jetzt standen sie vor der Brücke, die normalerweise ihren Wendepunkt markierte.

Seine Frau drehte sich wie gewohnt um, um den Heimweg anzutreten, doch er zerrte sie am Arm. Lass uns doch noch ein Stück weitergehen. Der Abend war schließlich noch jung. Also überquerten sie die Brücke und betraten endlich den Wald, der heute Abend ganz besonders magisch aussah, wie er fand. Nicht einhornmagisch. Eher die Lord-Voldemort-Variante. Düster, unheimlich, gefährlich. Weit und breit kein Harry Potter in Sicht, *Expecto Patronum* wirkt heute nicht. Was für ein Poet er doch war.

Der kalte Novemberwind blies ihm ins Gesicht, was seine Augen leicht zum Tränen brachte. Auch ihr war kalt. Sie wollte umkehren. Doch ab dem Punkt, wo sie nun waren, gab es keine Rückkehr mehr. Ihre Zeit war nun gekommen. SEINE Zeit war nun gekommen. Ein letztes Mal sah er ihr tief in die Augen. Dann ein fester Schlag ins Gesicht, das genügte schon. Sie taumelte und brach auf der nassen Erde zusammen.

Das Grab hatte er schon ausgehoben, den Sarg hinter einem Busch versteckt. Er brauchte nicht viel Zeit, um sie in ihr ewiges Bett zu tragen, den Sargdeckel zu schließen und sie unter die Erde hinab zu seilen. Ziemlich schnell war der Sarg unten angelangt. Seile ab. Erde drauf.

Drei. So viele Minuten dauerte es, bis er einen dumpfen, aber qualvollen Schrei um Hilfe aus dem Sarg zu hören meinte. Wie erbärmlich. Als könnte sie hier noch jemand hören.

Zwei. So viele Stunden brauchte er, um das tiefe Loch im Waldboden komplett zu verschließen. Kein Ton drang mehr aus der Tiefe zu ihm rauf.

Eins. Endlich war er nun ganz allein.

Malte Machura

Das Skalpell

Prolog
Vorsichtig führte Dr. Torres sein Skalpell zur markierten Schnittstelle auf der Haut. Er durchtrennte das Gewebe mit einem präzisen Schnitt, als gleißendes Tageslicht durch das Fenster fiel.

Vor dem Fenster standen mehrere schwer bewaffnete Einheiten. Dr. Torres erstarrte. Das war unmöglich. Über das, was hier vor sich ging, wussten nur wenige Leute Bescheid. Das Skalpell fiel ihm scheppernd aus der Hand, der halbabgetrennte Kopf rollte leicht zur Seite.

Dann ging alles ganz schnell: Die schwer bewaffneten Männer stürmten das Gebäude und überwältigten ihn. Er hatte keine Chance.

Plötzlich klopfte es an der Tür. Das Kommando blickte entsetzt auf. Sie zerrten Torres zum Fenster und ließen die beiden halbtoten Personen auf den OP-Tischen liegen. In dem Moment, in dem sie verschwanden, öffnete sich die Tür. Ein älterer grauhaariger Mann in Anzug betrat den Raum, hinter ihm zwei Bodyguards. „Dr. Torres? Dr. Torres? Wo sind sie?" Sein Blick wanderte zu den Experimenten. Ihm drehte sich der Magen um. Er hatte Torres stets für seine Kaltschnäuzigkeit in diesem Bereich bewundert, was ungewöhnlich war, denn normalerweise bewunderte man ihn. Er gab seinen beiden Bodyguards ein Zeichen und sie zogen sich diskret zurück. Der Mann tippte eine Nummer in sein Smartphone und wartete auf die ihm so vertraut gewordene Stimme. Doch stattdessen meldete sich eine fremde, kratzige Stimme: „Wir haben ihn. Ab jetzt tun sie besser genau das, was wir ihnen sagen."

Kapitel 1

An diesem Morgen war Dr. Torres wie jeden Morgen früh aufgestanden. Er hatte schnell gefrühstückt und war dann in sein Labor in Bogota, Kolumbien gefahren. Das Gebäude war so geheim, dass es noch nicht einmal Security gab. Nur Jefe war es gestattet, seine Bodyguards mitzubringen.

Er ging den langen, steril gehaltenen Flur entlang, bis er an der letzten Tür angelangt war. Hier begann sein Reich. Bevor er die Sicherheitstür aufschloss, hielt er noch einmal kurz inne. Er dachte an seine Kindheit, die er in einem der vielen Slums Bogotas verbracht hatte. Jefe hatte ihn da rausgeholt. Er wusste, was er Jefe zu verdanken hatte, aber er wusste auch, was er sich selbst zugestehen durfte.

Er ging die Treppe hinunter und betrat den riesigen Kühlraum. Jefe hat sein Wort gehalten: Zwei weitere schockgefrostete Personen warteten auf ihn. Torres trat näher an sie heran und begutachtete sie genau. Sie waren perfekt für seine Zwecke. Auf Jefe und seine Leute war Verlass. Er schob die beiden Bahren in den angrenzenden Raum. Schnell zog er sich um. Er konnte es kaum erwarten: endlich wieder seine geliebte Arbeit. Er wurde pro Person bezahlt, was bedeutete, dass er für kolumbianische Verhältnisse extrem gut verdiente. Zumindest wenn er zügig und sauber arbeitete – und das tat er, jedes Mal. Er begann mit seiner Arbeit. Vorsichtig führte er sein Skalpell zur markierten Schnittstelle auf der Haut. Er durchtrennte das Gewebe mit einem präzisen Schnitt, als gleißendes Tageslicht durch das Fenster fiel.

Kapitel 2
Panik erfasste den grauhaarigen Mann. In den vergangen Jahren hätte er beinahe gänzlich vergessen, dass es überhaupt so etwas wie Emotionen gab. Dieser Moment zeigte ihm schmerzlich, wie hart sie sein konnten. Wie in Schockstarre verließ er den Raum und ließ die Tür hinter sich zufallen. Andere Männer hätten vielleicht etwas gesagt, aber seine Bodyguards waren die Elite der Elite: Sie stellten keine Fragen. Sie begleiteten ihn wortlos, aber präsent durch das Gebäude. Als sie das Haus verließen, stellten sie sich reflexartig so auf, dass kein Zentimeter seines Körpers ungeschützt war. Erst als sie den großen, dunklen Land Rover erreichten und er sicher im Wagen saß, entspannten sie sich ein wenig.

„Donde?", fragte der Fahrer. „Wohin?"

„Zurück", antwortete der Mann schwach.

Kapitel 3
Neben dem Gebäude waren mehrere schwarze Lieferwagen geparkt worden. Sofort wurde Torres in einen der Wagen geworfen. Ein muskelbepackter Typ kam herein und verband ihm die Augen. Obwohl er natürlich nichts sehen konnte, war er sich relativ sicher, dass sie Richtung Landesinneres fuhren. Sein Orientierungssinn war schon immer gut gewesen.

Nach einer mehrstündigen, extrem unbequemen Fahrt – Uhr und Smartphone waren ihm abgenommen worden – hielt der kleine Konvoi.

Er stieg aus, die Augenbinde wurde ihm abgenommen und was er sah, schockierte ihn: Sie standen vor einer kleinen Baracke mitten im Dschungel.

„Ir en!", sagte ein vermummter Mann in brüchigem Spanisch. „Rein da!"

Widerwillig folgte Torres der Aufforderung. Die Baracke war von innen noch heruntergekommener als von außen: ein alter Stuhl, ein Loch im Boden zum Entleeren der Blase, sonst nichts.

Kapitel 4

Als der Mann im Anzug wieder im Hauptquartier angekommen war, setzte er sich an seinen Schreibtisch und ging noch einmal die Lage im Kopf durch. Aber egal wie man es drehte und wendete, es sah sehr schlecht aus. Das durfte doch einfach nicht wahr sein. Er war doch so weit gekommen. Er hatte es geschafft, aus der FARC ungestraft hinauszukommen, er hatte es geschafft, sein eigenes Imperium aufzubauen. Und jetzt entführten genau die Leute, von denen er sich jahrelang ferngehalten hatte, seinen wichtigsten Mann. Was zur Hölle sollte er tun?

In diesem Moment klingelte sein Handy: „Hallo, wer ist da?"

„Wir haben ihn", antwortete dieselbe die Stimme, die er früher am Tag schon einmal gehört hatte.

„Wer ist da?", fragte er erneut. Er versuchte sich zu beherrschen und seiner Stimme einen ruhigen Klang zu verleihen – er versagte auf ganzer Linie.

„Es ist ganz einfach", antwortete die Stimme, „entweder Sie gehen zur Polizei und erzählen diesen Leuten alles, was sie über Sie wissen sollten oder ihr Mann stirbt. Oder nein, warten Sie. Warum sollten wir mit ihm nicht das Gleiche machen wie Sie mit diesen unschuldigen Leuten?!"

„Was, wie können sie davon wissen?" Er spürt zum zweiten Mal an diesem Tag die Panik in sich aufsteigen.

„Wie wir davon wissen können? Wir wissen alles", lachte die Stimme höhnisch.

Dann legt sie auf.

Der Mann schmiss wutentbrannt und verzweifelt sein Smartphone auf den teuren Schreibtisch aus Tropenholz.

„Merde!"

Kapitel 5

Jefe würde ihn schon hier rausholen. Jefe hatte Macht und er war zu wichtig für ihn, dass er ihn hier einfach versauern lassen würde.

„Lasst mich hier raus oder ihr werdet die Rache Jefes spüren", brüllte Torres wütend.

Sofort flog die Tür auf. Der Typ, der aussah, als hätte er ein Regal verschluckt, trat ein.

„Jefes Rache? Willst du dich über uns lustig machen, Doc? Was glaubst du, warum du hier bist? Wenn hier irgendwer Rache spürt, dann dein Jefe. Allein für diese Aussage sollte ich dich erschießen lassen."

Krachend flog hinter ihm die Tür zu.

Kapitel 6

Zur Polizei konnte er unmöglich gehen. Selbst wenn er kein ehemaliger Rebell gewesen wäre und selbst wenn er saubere Geschäfte getrieben hätte. Die Polizei hielt sich grundsätzlich aus den Bandenkriegen raus. Manche waren zu feige oder zu faul, die meisten aber waren einfach bestochen und manipuliert worden.

Erneut tippte der Mann eine Nummer ein.

Wenn ihm jetzt noch jemand helfen konnte, dann der Inhaber dieser Nummer. Natürlich wechselte er seine Nummer alle paar Tage, aber der grauhaarige Mann hinter dem Schreibtisch aus Tropenholz war einer der Ersten, die die jeweils neueste Nummer erhielten.

Der Angerufene hob sofort ab.

„Si?"

„Hallo ich bin es."

„Camarada, in welchen Schwierigkeiten steckst du jetzt schon wieder?", fragte der Mann am anderen Ende der Leitung, mit einem freudlosen Lachen.

„Sie haben Torres."

„Du machst Witze?!"

„Bin ich jemand, der scherzt?", erwiderte der Grauhaarige gereizt. Seine Nerven wurden an diesem Tag ungewöhnlich stark strapaziert.

„Hast du eine Ahnung wo er ist?"

„Nicht die geringste", antwortete der Gefragte resigniert.

„Gut, ich versuche alles, was in meiner Macht steht, aber das wird teuer."

„Geld ist nicht das Problem."

Kapitel 7

Die Sonne verschwand gerade hinter den Baumwipfeln der riesigen Bäume, als Torres aus der Baracke geholt wurde. Er konnte nicht glauben, wer vor ihm stand.

„So sieht man sich wieder", lachte der Neue höhnisch. „Ich habe gehört, du operierst jetzt."

„Nenn es, wie du willst", antwortete Torres aggressiv. Er war schon immer leicht reizbar gewesen.

„Jedenfalls arbeitest du ab jetzt für uns", antwortete der andere, den Unterton in Torres Stimme ignorierend.

„Den Teufel werde ich tun."

„Das werden wir sehen. Entweder du schraubst andere Leute neu zusammen oder wir dich. Und glaub mir, keiner von uns weiß, wie das geht."

„Na gut", antwortete Torres, jetzt mit ängstlichem Unterton, „aber ich habe zwei Bedingungen. Erstens brauche ich exzellente Ware und zweitens einen idealen Standort."

„Für beides wird gesorgt sein. Darf ich bitten?", antwortete der Mann mit einer schwenkenden Armbewegung in Richtung Lieferwagen.

Kapitel 8

Sein Handy klingelte, er hob sofort ab.

„Ich habe alle Informationen, die du brauchst."

Der Mann atmete erleichtert auf: „Gut, das heißt?"

„Es wird nicht einfach werden. Big Baby ist wieder aufgetaucht. Er will, dass Torres ab sofort für ihn arbeitet. Ich bin gerade dabei, meine Leute zusammenzutrommeln.

Big Baby fährt mit seinen Leuten Richtung Küste und dabei genau an einem meiner Stützpunkte vorbei. Einer meiner Männer wird einen vermeintlichen Unfall bauen, sodass sie gezwungen sind, anzuhalten. Dann stürmen wir sofort."

„Ich hab zwar nicht den Hauch einer Ahnung, woher du wieder all diese Informationen hast, aber du bist wirklich jeden einzelnen Peso wert, den man dir zahlt."

„Ich weiß."

Kapitel 9
Nachdem sie wieder mehrere Stunden gefahren waren, hielten sie plötzlich. An der Reaktion des Fahrers, war abzulesen, dass dies keinesfalls geplant war. Überrascht stellte Torres fest, dass es ihm nichts ausmachte. Hinter ihm lagen die schlimmsten Stunden seines Lebens. Was sollte jetzt schon noch passieren. Auch die Jahre im Slum hatten ihn abgehärtet.

Doch dann auf einmal flog die Schiebetür auf. Mehrere vermummte Männer standen ihm gegenüber.

In den Sekunden danach brach die Hölle aus. Es gab eine Schießerei in einem Ausmaß, dass die Schießereien in den Vorstädten Bogotas wie Kindergeburtstage erschienen.

Obwohl sich die Angreifer in Unterzahl befanden, töteten sie viele von Big Babys Männern.

Big Baby, der Mann, der schon im Slum ein Anführer-Typ gewesen war.

Big Baby, der Mann, der schon im Alter von fünfzehn Jahren von den Rebellen rekrutiert worden war.

Jetzt hatte er also seine eigenen Männer. Er hatte es weit gebracht.

Aber nach und nach gewannen die Rebellen die Oberhand.

Als nur noch der Anführer der Rebellen am Leben war, schaute er Torres durchdringend an.

Torres bewunderte ihn dafür, dass er nicht durchdrehte, obwohl mehr als ein Dutzend Waffen auf ihn gerichtet waren.

Dann sprintete der Mann los und rannte in Richtung Dickicht.

Keiner der Männer machte Anstalten, ihm zu folgen.

Kapitel 10

Erneut klingelte sein Smartphone. Endlich nach über drei Stunden Wartezeit.

„Und habt ihr ihn?", fragte er erwartungsvoll.

„Nein, alle meine Männer sind tot. Big Baby und seine Leute sind nicht mehr zu stoppen. Wir haben ihnen zwar erheblichen Schaden zugefügt, aber nein, diese Männer sind zu schnell zu mächtig geworden. Vielleicht kann die Regierung sie noch stoppen. Aber selbst wenn sie wollte, kann dies Jahre dauern. Dieser Kampf ist verloren."

„Bist du dir sicher?", fragte der Mann hinter dem Schreibtisch.

„Ja bin ich. Absolut."

„Gut."

„Bitte was soll daran gut sein?", fragte der Auftragskiller erstaunt. „Was soll daran gut sein?", fragte er erneut. „Hallo, Jefe? Hörst du mich? Jetzt antworte doch endlich."

Dann das Laden einer Pistole.
Ein einzelner Schuss.
Und Jefe sollte nie wieder antworten.
Er wollte nicht und er konnte nicht.

Epilog
Sechs Jahre später ... Seit 2010 arbeitete Torres nun für Rebellen. Natürlich hatte er von Jefes Selbstmord gehört. Er hatte versucht, sich an beides zu gewöhnen. Aber besonders Letzteres war unmöglich.

Jeden Tag wurde er morgens von dem immer gleichen Mann abgeholt und ins Labor gebracht, um unschuldigen Leuten ihre Organen herauszuschneiden, damit sie weiterverkauft werden konnten.

Doch nicht so an diesem Morgen:
Gegen fünf Uhr klopfte es an seiner Tür.
„Abre! Aufmachen!", brüllte eine Männerstimme.
Verschlafen taumelte Torres zur Tür. Als er sie öffnete, war er jedoch sofort hellwach.
Vor seiner Tür stand ein schwer bewaffnetes Sondereinsatzkommando der Polizei.
„Wir haben Informationen zugespielt bekommen. Sind sie der Arzt, der gezwungen wurde den Organhandel auszuführen?", ergriff ihr Befehlshaber das Wort.
„Si", antwortete Torres schwach.
„In Ordnung kommen sie mit uns. Gestern hat unsere Regierung einen Friedensvertrag mit den Rebellen geschlossen. Sie kommen raus aus dieser Verbrecherbande. Alles wird gut."
„Nein", antwortete Torres, „ dafür ist es zu spät."

Maya Mateescu

Memory Puzzle

Fröhlich kreuzte ich den heutigen Tag am Kalender durch. Morgen war es dann endlich soweit! Ich war so aufgeregt, dass ich kaum stillstehen konnte. Wie sollte ich dann erst einschlafen? Also beschloss ich, eine Folge *Game of Thrones* zu gucken, um mich abzulenken. Aus einer Folge wurden einige und aus einigen eine ganze Staffel. Als ich dann aber realisierte, wie spät es letztendlich geworden war, setzte meine Müdigkeit auch schon ein. Geistesgegenwärtig stellte ich meinen Wecker auf zehn Uhr morgens, damit ich ja nicht zu spät aufwachte. Hundemüde legte ich mich schließlich ins Bett und sank in einen tiefen Schlaf.

Ich träumte. Das war mir, anders als sonst, sofort klar. Ich sah sozusagen meine Schullaufbahn aus einer außenstehenden Position. Gerade sah ich mein neun Jahre altes Ich, während es in der Aula darauf wartete, eingeschult zu werden. Es blickte sich um, anstatt der Rede des Schulleiters zuzuhören. Ich erinnerte mich noch ganz genau an diesen Moment, als ich die anderen Kinder genauer betrachtet hatte. Gerade fiel ihr Blick auf den damals zehnjährigen Lars, von dem sie sich wünschte, er würde nicht in ihre Klasse kommen. Ich schmunzelte bei dem Gedanken daran, wie sich mein Gesicht verzogen hatte, als er ebenfalls aufgestanden war, während Frau Schweitz gerufen hatte: „Alle aus der fünf e zu mir!"

Nun sah die kleine Mara die kleine Lily und ich dachte gerne an den Moment zurück.

Jetzt konnte ich gerade noch sehen, wie mein Fünftklässler-Ich das Gesicht verzog, als hätte es in einen sauren Apfel gebissen, da veränderte sich die Szene.

Ich war nun vor dem großen Musiksaal und wusste, was gleich passieren würde. Dann kam auch schon meine ehemalige Klasse. Als nur noch Valentine und Sophia, meine damaligen Nachbarinnen, eine kleinere Version von mir und Lily da waren, hörte ich Lily schüchtern fragen: „Willst du mit mir befreundet sein, Mara?" „Ja klar!", antwortete mein jüngeres Ich erfreut. Ich wusste noch, dass ich damals diese Freundschaftsanfrage sogar in dem Brief erwähnt hatte, in welchem wir über die ersten Wochen am HSG schreiben sollten.

Wieder veränderte sich das Bild und ich fand mich in der Aula am Tag des Infotages wieder. An diesem hatten Lily und ich ein Mädchen und ihre Eltern durch die Schule geführt, obwohl wir selbst erst seit kurzer Zeit an diese Schule gingen. Später am Tag hatten wir auf dem Klavier zusammen mit dem Schulorchester ein schönes Stück gespielt. Und gerade als ich an diese Situation zurückdachte, setzten sich die beiden Fünftklässler an das Klavier und begannen zu spielen. Den Anfang hörte ich noch, doch dann verschwamm die Szene und eine neue entstand.

„Hätte ich mir das nicht fertig anhören können?", grummelte ich, doch wie erwartet antwortete niemand.

Stattdessen konnte man schon den Weihnachtsabend der fünften Klassen erkennen. „Bitte nicht!", sagte ich entsetzt. „Wirklich? Deswegen konnte ich mir *Den Elefanten* aus dem *Karneval der Tiere* nicht fertig anhören? Soll das ein Witz sein?" Das wurde ja immer besser. Nicht. Dieser Abend war einfach nur peinlich gewesen.

Selbst jetzt, zwanzig Jahre später, wurde ich nicht gerne daran erinnert. Das Lied das wir gesungen hatten, *Jingle Bell Rock*, war zwar ganz okay gewesen, aber was sich unser Musiklehrer für uns ausgedacht hatte, hatte niemand außer ihm toll gefunden. Gerade waren sie mit dem Lied fertig, da setzten sich alle ihre Sonnenbrillen, die sie während dem Singen hinter dem Rücken versteckt hatten, auf. Ich hielt mir die Hände vor die Augen, doch ich war neugierig, ob es so peinlich war, wie ich es in Erinnerung hatte und ließ schließlich meine Hände sinken. Angeführt von Alice verließen alle Kinder die Bühne und liefen im Laufschritt klatschend um das Publikum. Dabei riefen sie im Takt des Klatschens: „Jing-, Jing-, Jingle Bell Rock! Jing-, Jing-, Jingle Bell Rock! …" Nun hatte ich die Bestätigung, dass es genauso peinlich war, wie ich es in Erinnerung hatte.

„Bitte, ich will das nicht mehr sehen!", murmelte ich und wie durch ein Wunder war die Aula umdekoriert und ich fand mich auf dem alljährlichen Weihnachtsmarkt wieder. Gerade fing der Schulchor an zu singen, in dem auch Lily und vier weitere Mädchen aus der Klasse sangen. Sie sangen so schön, dass ich damals für mich beschlossen hatte, auch in den Chor zu gehen. Nachdem die *Ear-Catchers* ihren Auftritt mit dem Lied *Something About Christmastime* abschlossen, fand ich mich auch schon in der Sporthalle wieder, als dort das Fußballturnier der fünften und sechsten Klassen stattfand.

Ich erinnerte mich nur schwach an diesen Tag, doch jetzt kam das alles langsam wieder zurück. Die Mannschaft hatte fast nur aus Jungs bestanden, denn Lily war das einzige Mädchen in der Mannschaft gewesen. Sie hatte jedoch nach dem Turnier klargestellt, dass sie nie wieder mitspielen würde, da die Jungs sie die ganze Zeit angemotzt hatten, sie solle besser spielen. Unser Teamname war *FC 5Elien* und zwar genau mit dieser Rechtschreibung. Auf das Alien waren wir gekommen, weil unser Mathelehrer das Alien aus *Toy Story* als Plüschtier besaß und er es manchmal mit in dem Unterricht genommen hatte. Zu diesem Zeitpunkt war Herr Sumoritsch aber auch gleichzeitig unser Klassenlehrer gewesen, da Frau Schweitz schwanger geworden war. Wie zu erwarten, hatten wir das Turnier nicht gewonnen. Ich sah noch kurz Daniel und Josef, als sie Lily anbrüllten, dann befand ich mich auch schon im Zug nach Heidelberg.

Dort angekommen ging die ganze Klasse in den Zoo, um sich genauer über die jeweils zugeteilten Tiere zu informieren. Die inzwischen zehnjährige Mara machte sich also zusammen mit der Gruppe, bestehend aus Lily, Jasmin, Annika und ihr auf zum Erdmännchengehege. Diese niedlichen Tiere waren nämlich meine Lieblingstiere. Lächelnd dachte ich an den Moment, als der Pfau uns nicht durchlassen wollte und die ganze Zeit seine Federn ins Gesicht gestreckt hatte. Genau dieser Pfau tauchte jetzt auf, doch ich nahm ihn nicht mehr richtig war, da nun alles um mich herum verschwamm. Diesmal wusste ich nicht sofort, welcher Moment aus meiner Vergangenheit sich jetzt vor mir abspielen würde.

Doch dann sah ich die Jugendherberge in Kombination mit dem Pool und dann dämmerte es mir. Ich war auf der Klassenfahrt in Schönau. Gerade waren Alice, Mara und Lily dabei ihr Zimmer zu inspizieren.

„Juhu! Die Leiter vom Hochbett wackelt!", meinte Lily sarkastisch.

„In der Dusche ist schwarzer Schimmel", ertönte Maras Stimme aus dem Badezimmer.

„Ein Glück sind wir nicht ganz so lange hier", sagte Alice und beäugte die Leiter skeptisch. Dann sah ich diese Situation nur noch einen Augenblick und dann war sie auch schon verschwunden. Nun war ich im Freien und direkt neben dem Pool. Während wir damals da gewesen waren, war es für September relativ kalt gewesen. Trotzdem waren viele freiwillig ins kalte Nass gesprungen. Jetzt wurde mir klar, warum ich hier war und ich empfand Mitleid mit Annabelle. Dann war es auch schon passiert. Annabelle rutschte aus und fiel mitsamt ihren Klamotten und einem Handtuch ins Wasser.

Dann verblasste die Szene und ich fand mich nachts im Wald wieder. Alle hatten Taschenlampen dabei und so war es nicht ganz so dunkel. Außerdem war es eine klare Nacht und man konnte die komplette Milchstraße bewundern. Ein wenig später wurde die Fledermauswanderung aufgegeben, da sie nicht eine einzige zu Gesicht bekommen hatten. Deshalb reckten sie nun fast alle den Kopf gen Himmel, die Schönheit der Sterne zu bewundern.

Leider verschwamm dieser schöne Anblick schnell und ich fand mich im Klassensaal, während mein jüngeres Ich zusammen mit Lily, Elizabeth und Jasmin eine Gruselgeschichte für den Deutschunterricht schrieben. Im Endeffekt waren wir alle damit zufrieden gewesen.

Schon wieder wechselte der Moment, aber ich befand mich noch immer im Klassensaal. Dort fand gerade der Matheunterricht statt und Herr Sumoritsch schrieb gerade irgendetwas an die Tafel, beachtete die Lücke zwischen den zwei Tafelwänden jedoch nicht. Plötzlich meinte Mara: „Der Schlitz stört mich jetzt aber." „Ach Mensch Mara! Jetzt stört er mich auch", rief der Lehrer aus. Also zeichnete er, während die Schüler Übungen bearbeiteten, ein Alien an die Tafel in dessen Sprechblase, „Blöder Schlitz!", stand.

Dann verschwamm die Situation und ich befand mich auf dem Gelände der Gartenschau. Dort redeten die Erwachsenen über Gott und die Welt, während die Kinder Rundlauf um einen gewöhnlichen Tisch spielten. Der Nachmittag war lang gewesen, aber da nicht mehr großartig viel passiert war, endete die Szene hier und ich fand mich am Biotop der Schule wieder. Es war Winter. „Oh nein! Warum träume ich jetzt ausgerechnet davon!", beschwerte ich mich bei meinem Unterbewusstsein. Doch ich konnte nicht eingreifen, als alle Kinder ihren Fuß probehalber auf den mittlerweile zugefrorenen Teich stellten. Zögernd versuchte es jetzt auch Lily, die zu dieser Zeit einen Gips hatte, doch sie rutschte aus und befand sich wenige Sekunden auf dem Eis, bevor es zusammenbrach. Die anderen Kinder waren wie erstarrt und so musste Lily alleine aus dem eiskalten Wasser kommen. Sie tat mir so leid wie damals. Wie ein begossener Pudel stand sie da und tropfte. Das war der Moment, in dem die anwesenden Jungs zu lachen begannen und Lily daraufhin zu weinen. Daniel und Nikolaus hatten den Vorfall natürlich durch das ganze Schulhaus gebrüllt, aber bevor sie ansetzten zu rufen, verschwamm die Szene.

Nun war ich an der Bushaltestelle, von der aus die Klassenfahrt nach Würzburg starten würde. Ich sah gerade noch die Klasse in den Bus einsteigen, während die Eltern ihnen zum Abschied winkten, da gab es auch schon einen kurzen Zeitsprung und ich befand mich in Rothenburg ob der Tauber. Dort hatten wir einen kurzen Zwischenstopp eingelegt und das Kriminalmuseum dort besucht. Man konnte dort die verschiedensten Folterinstrumente aus längst vergangener Zeit besichtigen. Das war ganz interessant gewesen. Danach durften wir in kleinen Gruppen durch die Stadt laufen. Nach diesem Erlebnis ging es weiter nach Würzburg, dem eigentlichen Ziel.

Gerade als die Klasse wieder beim Bus war, änderte sich das Bild und es war der Morgen des zweiten Tages. An diesem Tag hatten wir damals eine Stadtführung gemacht und viel über die Geschichte Würzburgs gelernt. Gerade war die sieben e mit der Führung fertig und betrat nun die Residenz Würzburgs, in welcher sie gleich noch eine Führung machen würden. Dort gab es viele schöne Deckenfresken, die man leider nicht fotografieren durfte. Man konnte Lily das Bedauern förmlich ansehen.

Dann verschwamm die Szene erneut und ich befand mich auf einem Schiff. Ich weiß noch, dass Lily, Annabelle, Alice, Lyanna und ich die ganze Zeit (vierzig Minuten) gesungen hatten und unser Lehrer irgendwann gesagt hatte: „Ihr singt so schön, da muss ich gleich einschlafen." Die Jungs hinter uns waren allerdings nicht so begeistert und Josef war irgendwann regelrecht genervt von uns. Leider sind wir dann nicht auch wieder zurückgefahren, nein, wir sind die zwölf Kilometer an der Autobahn entlanggelaufen. Genau dieser Moment spielte sich gerade ab, während es anfing zu regnen. Ich kann mich auch noch daran erinnern, dass unsere Klassenlehrerin auch nach der Bettruhe noch bei uns auf dem Zimmer war und mit uns geredet hatte. Einmal kam Annalena in unser Zimmer gestürmt und brüllte Lily und Annabelle an, die nicht bei uns im Zimmer gewesen waren, sie sollen ins Zimmer kommen, es wäre Nachtruhe. Dann erst sah sie Frau Zahn, die auf dem Boden gesessen hatte, und wiederholte diese Information etwas leiser und mit schönerer Wortwahl.

Ein paar Tage später fuhren wir auch schon wieder zurück nach Kaiserslautern. Der nächste Moment war kurz und dann war er auch schon wieder verschwunden. Er war im Freibad und zeigte eine fröhlich grinsende Mara, Hand in Hand mit Lily. Der erste Moment in der achten Klasse spielte sich am ersten Schultag ab, als der Chor für die neuen Fünftklässler sang. Da die Chorleiterin krank war, spielte ein anderer Musiklehrer am Klavier. Da war es kein Wunder, dass er sich ab und zu verspielte. Jedoch an einem Punkt hörte er auf zu spielen und ordnete an: „So, nochmal von vorne!" Auf der Bühne!!! Das war sehr peinlich gewesen und ich war froh, als der Moment vorbei war.

Als Nächstes landete ich erneut in meinem Klassenzimmer, in Biologie. Daniel und Josef, die hinter Mara und Lily saßen, warfen sie die ganze Zeit mit Papierkugeln ab. Zuerst wunderte es mich, dass ich von dieser Szene träumte, denn sie hatte ja nicht wirklich etwas Besonders an sich. Doch der Kommentar des Biolehrers ließ mich schmunzeln: „Wenn ihr sie liebt, dann sagt es ihnen einfach." Der Blick der Jungen war einfach unbezahlbar und so ziemlich alle lachten; bis halt auf Daniel und Josef, welche rot anliefen.

Als Nächstes wurde mir eine Szene vom alljährlichen Fußballturnier gezeigt, die Siegerehrung, denn wir hatten gewonnen! Bei der Pokalübergabe durch den Schulleiter fiel den Jungs irgendwie der Pokal runter und alle lachten natürlich.

Dann verschwamm das Bild und setzte sich zu einem neuen zusammen. Es war wieder ein Moment, bei dem alle Beteiligten Koffer dabeihatten. Es war jedoch keine Klassenfahrt, es war die Musikfreizeit. Lyanna, Annabelle, Alice, Lily und Mara standen dicht beieinander und redeten darüber, dass die Jugendherberge in Altleiningen schöner war, als in Schönau. Ich weiß noch, dass wir diesmal ein sehr großes Zimmer gehabt hatten. Dann gab es einen Zeitsprung zum Abend des ersten Tages. Als einer der Musiklehrer kontrollieren wollte, ob sie schon bettfertig waren, war er sehr erstaunt darüber, dass das Zimmer so groß war. „Das ist auch das Behindertenzimmer", erklärte Lily, während Herr Forelle sagte: „Das passt ja zu euch." Dann mussten alle lachen.

Die folgende Szene zeigte das Frühlingskonzert, bei dem ich sowohl mit der Klasse, als auch mit dem Chor mitgewirkt hatte. Zum Anfang des Auftrittes mit der Klasse, gab es natürlich Komplikationen. Der Musiklehrerin fiel das Xylophon mit einem lauten Knall herunter, was für vereinzelte Lacher sorgte. Meiner Meinung nach hatten wir mit der Klasse weniger schön gesungen, als mit dem Chor. Das könnte aber auch daran liegen, dass wir im Chor zweistimmig gesungen hatten und mit der Klasse nicht. Als das letzte Lied des Chors, *4 Chords*, endete, verblasste die Situation und zeigte nun Lilys Zuhause. Dort übernachtete mein kleines Ich nämlich gerade. Die beiden hatten sehr viel Spaß zusammen, was die Fotos, die später noch gemacht worden waren, zeigten.

Leider sah ich diesen Moment nur kurz, da relativ bald darauf auch schon der „Wandertag" gezeigt wurde. Da es nämlich regnete, konnte die Klasse, nicht wie geplant, ins Freibad gehen. Deshalb blieb sie einfach in der Schule und spielte Brettspiele und guckte später auch einen Film. Danach wurde kurz ein Bild von Lily, Annika, Sophia, Josef, Daniel, Olaf und Mara eingeblendet, auf dem sie einander fröhlich nassspritzten. So schnell wie es auftauchte, war es allerdings auch wieder verschwunden.

Jetzt sah ich mich, wie ich traurig auf mein Handy starrte, als Josef mitteilte, er würde ab nächstem Jahr eine andere Schule besuchen. Allerdings schrieb er, dass er den Kontakt nicht abbrechen würde. Ich erinnerte mich noch daran, dass er mir Wochen später aber nur noch sehr knapp geantwortet generell auch nicht mehr von sich aus geschrieben hatte. Als ich ihn darauf angesprochen hatte, war seine Antwort gewesen, dass er nun viel besser in der Schule wäre und viel bessere Noten hätte als vorher. Deshalb wollte er jetzt auch den Kontakt zu allen aus der Schule komplett abbrechen. Lily, die bei ihm in der Nähe gewohnt hatte und jeden Schultag mit ihm Bus gefahren war, hatte auch erzählt, dass er sich gar nicht mehr neben sie gesetzt hatte und sie generell auch nicht mehr gegrüßt oder angesprochen hatte. Dafür hatte er sich immer mit ihrem kleinen Bruder unterhalten, was gar nicht zu der Aussage passte, er würde den Kontakt zu allen aus seiner „alten" Schule abbrechen.

Von diesen Erinnerungen geprägt, sah ich mir die nächste Situation an. In dieser wurde die „kleine" Mara, sie war jetzt in der neunten Klasse, zur stellvertretenden Klassensprecherin gewählt. Es war ein enges Kopf-an Kopf-Rennen mit Lily gewesen, das ich schließlich für mich entschieden hatte.

Dann sprang das Bild um und ich war in Saarbrücken. Dort hatte ich mich mit Lily an einem der letzten Tage der Herbstferien getroffen. Wir redeten über unsere Ferien, was wir erlebt und gemacht hatten. Gerade wurde gezeigt, wie Lily und Mara in einem Geschäft waren und sich gegenseitig ein nicht sehr schönes Outfit zusammenstellten. Wir hatten sehr viel Spaß gehabt und sehr, sehr viel geredet. Dann war die Szene vorbei und fand mich im Pfalztheater wieder. Dort sahen Lily, Lyanna, Annabelle, Sophia, Valentine, Annika und Mara sich gerade *Der gute Mensch von Sezuan* an.

Dann hörte ich plötzlich ein durchdringendes Klingeln. Nanu? Ich konnte mich gar nicht daran erinnern, dass ein Klingeln im Stück vorgekommen war. Doch dann erkannte ich das vertraute Klingeln meines Weckers. Und dann wachte ich auf.

Tut! Tut! Tut! Müde tastete ich nach dem Wecker, der *10:00* anzeigte, und schaltete ihn schlaftrunken aus. Nie wieder einen Serienmarathon!, dachte ich mir und wusste zugleich, dass ich es doch irgendwann noch einmal tun würde. Noch in Gedanken über meinen nächtlichen Traum schlüpfte ich in meine flauschigen Hausschuhe und tapste in die Küche. Dort bereitete ich mir einen leckeren Espresso zu. Ich könnte niemals ohne Kaffee leben, denn sonst wäre ich viel zu müde um etwas zu machen. Während ich also meinen heißgeliebten Kaffee trank, dachte ich noch immer an meinen Traum. Er wollte mir einfach nicht aus dem Kopf gehen. Ich beschäftigte mich noch eine Weile mit ihm, dann sah ich aber auf die Uhr und stellte fest, dass ich in einer Stunde mit Lily verabredet war.

Juhu! Endlich, nach zehn Jahren, sah ich sie wieder. Es gab zwar einen Tag der Ehemaligen an unserer damaligen Schule, aber der Zeitpunkt war nie für uns beide gleichzeitig günstig. Nachdem ich also gefrühstückt und mich umgezogen hatte, lief ich zu der ein paar Minuten entfernten Bushaltestelle und erwischte gerade noch die 112. Die Fahrt kam mir vor wie eine Ewigkeit, obwohl sie nur eine Viertelstunde dauerte. Von der Stadtmitte aus musste ich nur noch wenige Meter laufen, um zu unserem Lieblingscafé zu kommen. Als ich dann endlich in der Kafeerösterei war, musste ich sie erst einmal suchen, da es dort so voll war, wie schon lange nicht mehr. Ich konnte mich noch gut an die Zeiten erinnern, in denen die Kaffeerösterei noch ein echter Geheimtipp war. Doch dann sah ich aus dem Augenwinkel ein hektisches Winken und fand mich kurz darauf in einer festen Umarmung wieder.

Lea Melcher

Das Herzmaere

4. Woche
Ich weiß nicht, wer du bist, aber ich laufe schon die ganze Nacht durch das Krankenhaus, um dich zu finden. Irgendwo hier musst du sein, und ich werde dich nur daran erkennen, dass du die Augen geschlossen hast. Na super, wer hat das nicht? Es ist nachts im Krankenhaus.

Ich darf das Bett eigentlich noch nicht verlassen, mein Herz muss erst richtig verheilen. Deswegen ist mir auch noch ziemlich schummrig: Du kennst das bestimmt. In den ersten Stunden ist einem kotzübel und schwindelig, als wäre man die letzte Woche durchgehend *Wilde Maus* gefahren. Nicht so, als wäre man tot gewesen, nur durch Maschinen am Leben gehalten.

Aber warum erzähle ich dir das?

Vielleicht weil du der Einzige bist, der mich verstehen kann: Schließlich teilen wir ein Herz.

Das Einzige, was uns verbindet, ist ein gemeinsamer Autounfall: Ich kam von rechts, du von links: Crash. Und jetzt ein gemeinsames Herz. Jeder von uns darf es eine Woche lang tragen. Du warst vor mir dran, das weiß ich, weil ich eine Woche im Koma lag, bevor ich wieder aufgewacht bin: deine Woche.

Wir sind jetzt in Woche vier und langsam gewöhne ich mich an den Rhythmus. Aber sonst an nichts, nicht an die Übelkeit, nicht an die Herzschmerzen, nicht an die Betäubungsspritzen, die dein Sichtfeld langsam zuwolken. Ich schreibe dir, weil sie mir nicht sagen wollen, wer du bist.

Privatsphäre.

Klar, das spielt im Krankenhaus eine große Rolle. Als würde im Alltag keiner merken, dass man immer nur eine Woche da ist und dann eine Woche nicht. Davor schützt dich die Privatsphäre nicht. Meine Lebensdauer hat sich auf einmal geteilt. Selbst wenn ich achtzig werde, kann ich davon nur noch dreißig Jahre erleben. Mein Geist wird höchstens fünfzig.

Privatsphäre. Das ist ein Witz, wenn ich daran denke, dass die Ärzte jeden Sonntagabend das Herz aus dem Kästchen in der Brust holen und es der anderen Person einsetzen.

Ich darf nicht wissen, wer du bist, dabei habe ich an dich mein Herz verloren. Es gab nur ein Herz in dieser Nacht, ein einziger glitschig-pochender Fleischmotor, nachdem unsere beiden den Geist aufgegeben hatten. Also haben sie es einfach auf uns aufgeteilt und uns für immer aneinander gebunden. Bis einer von uns nicht mehr mitmacht.

Ich schreibe dir auch, weil ich nie mit dir darüber reden kann. Wenn ich lebe, bist du tot. Und umgekehrt. Ob du über mich nachdenkst?

Ich bin jetzt müde, alles tut mir weh.

Herzschmerz.

Ich darf das Krankenhaus in ein paar Minuten verlassen.

Schlaf gut.

6. Woche
Womit hast du deine letzte Woche verbracht?
Bei mir ist nicht viel passiert, ein paar Schläuche im Körper, du kennst das ja.
Nicht mal geträumt habe ich.
Erinnerst du dich an irgendwas aus deiner toten Woche?
Ich nicht. Es fühlt sich so an, als sei ich gerade erst eingeschlafen – und gleichzeitig, als hätte meine lebendige Woche in einem anderen Universum stattgefunden oder in einem Film.
Seit ein paar Stunden bin ich wach, allmählich kann ich mich wieder bewegen. Meine Hand kann einen Stift halten. Wow.
Heute Nacht kann ich leider nicht nach dir suchen, weil ich gleich von meinen Eltern abgeholt werde. Heute Nacht darf ich zu Hause schlafen. Ich bekomme vielleicht sogar noch das Ende vom Tatort mit.
Zu Hause. Vor dem Unfall habe ich dort lange nicht mehr übernachtet. Warum auch? Die Welt ist so groß, so spannend – jetzt erlebe ich sie nur noch in Wochenrhythmen.
Sorry, leider kann ich nicht zu deinem Geburtstag kommen, der fällt leider in meine tote Woche.
Ich habe schon ausgerechnet, dass es für mich dieses Jahr nichts mit Weihnachten wird: Happy Holidays, wünsche ich dir. Wehe, du machst dir nichts daraus.
Junge Frauen in meinem Alter sollten ihre Tage bekommen; ich dagegen sterbe ein bisschen. Schmerzen in der Brust, statt im Bauch, ungefähr gleich viel Blutverlust.

8. Woche

Was passiert ist, während ich tot war: Drei Terroranschläge, ein paar Tweets von Trump, ein Promi-Pärchen hat sich getrennt. Ich habe festgestellt, dass mich Nachrichten nicht mehr so sehr interessieren. Wenn man jede zweite Woche ausfällt, fühlt es sich an, als hätte man eine Folge der Lieblingsserie verpasst: Irgendwann ist man raus.

Der Sommer hat gerade angefangen, gleich ist er schon wieder vorbei. Alle fragen, wo ich gewesen bin: Nicht im Urlaub, ich habe nichts von der Welt gesehen.

Aber es hat auch Vorteile: Meine schrecklichen pinken Haare wachsen doppelt so schnell raus. Es ist interessant zu sehen, wie man sich innerhalb einer Woche verändert. Jeden Sonntagabend muss ich erst mal meine Augenbrauen zupfen und die Nägel neu lackieren – dabei habe ich das doch gerade erst. Meiner Brustnarbe geht es schon viel besser. Sie scheint sich an das Kästchen zu gewöhnen, es ist fast eingewachsen und silbert allmählich.

Mein Herz fühlt sich schwer an, das habe ich direkt beim Aufwachen gemerkt. Was hast du damit gemacht, als ich tot war? Es muss irgendwas zwischen Extremsport und einem gebrochenen Herzen sein.

Beides kann ich verstehen: Ich habe meinen Freunden noch nicht gesagt, was mit mir los ist. Sie wundern sich, warum ich jede Woche nach Hause fahre und dann sieben Tage nicht zu erreichen bin. Es gibt keine Omas mehr, die noch sterben könnten, keine Tiere, die gesundzupflegen sind.

Ich bin ein normaler Mensch, Mittzwanzigerin, das sagen meine Ärzte mir immer wieder. Aber eben nur die Hälfte der Zeit. Hast du gemerkt, dass ich letztes Mal meinen Zug verpasst habe? Ich weiß, dass ich dir deswegen die Hälfte deines Sonntagabends geklaut habe und möchte mich dafür entschuldigen.

Keine Ahnung, was du sonntagabends machst.

Vielleicht ein Familienessen, vielleicht eine Party – vielleicht hockst du aber auch nur rum, Sonntag, Montag, Dienstag, Mittwoch, Donnerstag, Freitag, Samstag – und weißt nicht, was du mit diesem Herzen anfangen sollst.

Ich muss dich finden.

Wie soll ich einem wildfremden Menschen jede zweite Woche mein Herz überlassen? Wie zur Hölle stellen sich die Ärzte das vor?

Das ist vollkommen wahnsinnig. In keiner anderen Lebenslage würde jemand das tun. Man heiratet ja auch nicht, nur weil man mit den Autonasen aneinander geknallt ist. Für so was wie uns sollte es eine Partnervermittlung geben.

10. Woche

Ich weiß jetzt, wer von uns beiden schuld ist am Autounfall: Du.

Ich kann mich nicht erinnern daran, aber jetzt weiß ich es: Du warst es. Wegen dir bin ich ein halber Mensch.

Wegen dir brauche ich jetzt doppelt so lang für mein Studium.

Deinetwegen vergessen mich meine Freunde.

Natürlich übergibst du mir pflichtschuldig jeden Sonntag dein Herz, es sollte ja meines sein, oder?

Ich habe nichts Falsches getan, ich bin nur Auto gefahren.

Wenn es ums Sterben geht, ist alles andere egal. Dabei hätte ich das Herz bekommen sollen.

Ein halbes Leben ist besser als keins, oder?

Ich weiß es nicht; wenn ich tot bin, dann merke ich ja nichts davon.

Mein Hirn ist ausgeschaltet. Ich kann nie wissen, ob ich noch mal aufwache.

Das ist nicht brutal, das tut nicht weh.

Was wehtut, ist das Gefühl, wie schnell das Leben vergeht. Jeder Monat hat zwei Wochen, das Jahr nur noch sechsundzwanzig. So geht mein Leben jetzt für immer weiter. Jeden Sonntag vor dem Einschlafen denke ich: Lass mich noch ein paar Sekunden miterleben. Und dann merke ich, wie das Betäubungsmittel wirkt. Ich versuche zu blinzeln, die Augen offenzuhalten. Ich lebe noch!

Ich lebe!

Ich ...

Die ultimative FOMO.

Das heißt Fear Of Missing Out – falls du über fünfundzwanzig bist.

Wer weiß, vielleicht willst du ja gar nicht so sehr leben wie ich.

Vielleicht rast die Zeit für dich nicht so schnell.

In ein paar Wochen habe ich Geburtstag. Ich werde ihn verpassen – aber irgendwie ist ja erst wirklich mein Geburtstag, wenn ich all die toten Wochen aufgeholt habe.

Schon seit Monaten habe ich Karten für ein Festival, das an meinem Geburtstag stattfindet. Willst du sie haben?

12. Woche
Letzte Woche habe ich jemandem davon erzählt. Ich hab es mir nicht vorgenommen, es ist einfach passiert. Wir saßen im Keller des Clubs, in dem etwas ruhigeren Bereich, wo die Bar ist.

Ein Mädchen aus meinem Studiengang und ich sitzen auf einer Hollywoodschaukel aus rotem Samt. Ich kenne sie nur flüchtig. Ich weiß, dass sie Ina heißt.

Wir haben beide keinen Alkohol getrunken. Das darf ich ja nicht mehr, seitdem es dich gibt. Sie hat mich gefragt, warum nicht – und dann habe ich es ihr einfach erzählt. Meine anderen Freunde waren auf der Tanzfläche, aber das traue ich mich auch nicht mehr. Sie wissen nichts davon. Sie denken, ich bin unglaublich beschäftigt. Ich sagte: „Ich darf nicht trinken, ich teile mir das Herz mit jemand anderem."

Sie sah mich mit großen Augen an, die Haut drumherum war bläulich, eingefallen. Dann lächelte sie verständnisvoll. „Ich muss essen, um Alkohol zu vertragen."

Ich merkte, dass sie mich missverstand, also fügte ich hinzu: „Nein, wirklich. Ich hatte einen Autounfall und seitdem verbringe ich jede zweite Woche in einer Klinik."

Sie hielt mich mit ihrem Blick fest, fast schon hypnotisierend. Ich dachte, sie würde mich in diesem Moment erkennen. Ihr Blick würde einfach durch die Pupillen hindurchflutschen bis zu unserem Herzen.

Dann schob sie ihre Ärmel hoch. Ich musste unseren Blickkontakt brechen. Ihr Unterarm war mit Schnitten übersät. „Ich war auch schon oft in der Klinik", sagte sie so leise zu mir, dass ich es über das Pumpen der Musik kaum hören konnte.

Ich bekomme immer noch eine Gänsehaut, wenn ich an diesen Moment denke.

Verfickte Scheiße.

Vielleicht hat sie recht?

Ich sitze auf dem Boden des Krankenhauszimmerklos, während ich dir schreibe. Ich habe mir noch mal meine Narbe angeguckt. Die Brust verheilt gut, ich mag fast, wie es aussieht. Ohne die Werkzeuge und Narkose kann man meine Brust nicht öffnen, um das Herz auszutauschen, sagen meine Ärzte.

Woher weiß ich, dass sie mich nicht verarschen?

Ich bekomme doch gar nicht mit, was mit mir passiert, wenn ich tot bin. Das mit dem geteilten Herz ist vielleicht nur eine Story, die die Ärzte mir erzählen.

Die meine Eltern mir erzählen.

Weil es einfacher ist.

Aber ist es die Wahrheit?

Ich muss dich finden.

Wenn das alles eine Lüge ist, dann gibt es dich nämlich gar nicht. Ich muss dich finden, um mich selbst zu finden.

14. Woche

Wenn es dich wirklich nicht gibt, will ich nicht mehr zurückkommen. Ich muss es rausfinden, jetzt gleich.

Ich habe meinen Eltern gesagt, dass eine Freundin mich abholt, damit sie nicht kommen. Damit ich genug Zeit habe, um jedes Bett in diesem Krankenhaus zu durchsuchen.

Das ist nicht einmal gelogen: Ina wartet auf mich, draußen. Sie hat mir erzählt, dass sie auch irgendwann nicht mehr zurück ist in die Klinik. Wenn sie das schaffen kann, schaffe ich das auch.

Deswegen weiß ich nicht, ob ich dich finden will. Ich habe mir dich doch so genau vorgestellt.

Du bist ein Mann, an die fünfzig, ungefähr ein Meter achtzig groß mit einer Vorliebe für Kakteen und Jazzmusik. Einsam, denn dein Hund ist in der ersten Woche gestorben, in der du nicht da warst. Ganz bestimmt trägst du im wirklichen Leben eine Brille, aber jetzt nicht. Wenn du tot bist, brauchst du sie ja nicht.

Ich verabschiede mich von den Krankenschwestern, meiner zweiten Familie, und warte, bis sie in den Aufenthaltsraum zurückgekehrt sind, um in dieser Nacht mal wieder viel zu viele Muffins zu essen.

Dann laufe ich wieder durch das Krankenhaus. Noch auf wackeligen Beinen arbeite ich mich Bett für Bett vor. Es könnte jeder sein, schließlich ist das eine Herzklinik. Die meisten Patienten schlafen aber einfach; du musst einer von denen sein, die mit einer Unzahl dicker Schläuche ans Universum angeschlossen sind.

Nur einmal muss ich mich vor einem Pfleger verstecken. Er bringt einem der Patienten ein Glas Wasser und dreht sein Skelett auf die andere Seite.

Ich laufe an den Räumen vorbei.

Es fühlt sich noch ein bisschen seltsam an, lebendig zu sein. Wie jedes Mal.

Etwas stimmt nicht an mir, an meinem Körper.

Du bist das, was nicht stimmt.

Unser Herz schlägt mir bis zum Hals.

Es ist gleich elf, Ina wartet bestimmt schon draußen. Wenn du nicht existierst, sind wir in ein paar Minuten weg, hoffentlich für immer.

Und wenn doch ...

In diesem Moment sehe ich dich.

Ich weiß sofort, dass du es bist. Auch wenn du natürlich ganz anders aussiehst, als ich es mir vorgestellt habe. Du siehst so ... jung aus. Ich kann nur dein Gesicht erkennen, weil sich so viele Maschinen um dich scharen, als wärst du ein interessantes Ausstellungsstück.

Blass im Mondlicht.

Es sieht fast so aus als wärst du jünger als ich.

Du bist ein Junge.

Die Vorhänge zu deinem Zimmer sind zurückgezogen. Die Schwestern laufen an dir vorbei und werfen immer wieder Kontrollblicke durch die Glasscheibe.

Ich erkenne dich, weil du keine Herzfrequenz hast; wie auch. Der Monitor ist leer.

Du bist quasi nur eine Erweiterung der Maschine.

Sie pumpt dein Blut.

Sie atmet durch dich.

Du denkst nicht.

Leise drücke ich die Klinke zu deinem Zimmer runter. Aber warum sollte ich eigentlich leise sein?

Du hörst mich ja nicht.

Und auch wenn es so wäre, wieso solltest du vor mir erschrecken?

Ich schließe die Tür hinter mir und sehe dich an. Du siehst so jung aus, als wäre das deine erste Autofahrt gewesen an jenem Sonntagabend. Vielleicht bist du zu deiner Freundin gefahren oder ein paar Zigaretten kaufen, beides noch unheimlich spannend. Man denkt, man ist so erwachsen.

Eigentlich beginne ich erst jetzt, diesen Eintrag zu schreiben. Ich sitze mit dem Rücken zur Tür, sodass die Pfleger mich nicht sehen können. Ich kritzele mehr, als dass ich schreibe.

Das Surren der Maschinen, mein Soundtrack der Woche – ich erinnere mich an nichts davon.

Du hast eine Sekunde nicht aufgepasst und bist mit mir zusammengestoßen.

Mein Herz gehört dir.

Dein Herz gehört mir.

Du wirst bestimmt noch ein paar Jahre lückenlos mit unserem Herz leben, wenn ich längst tot bin.

Übernächsten Montag habe ich Geburtstag. Ich will nicht sterben. Ich will einfach nicht noch einmal sterben.

Ich komme mir auf einmal so alt vor; erwachsen bin ich immer noch nicht. Ich brauche aber die Zeit, um es zu werden.

Kannst du das nachvollziehen?

In diesem Moment vibriert mein Handy in der Hosentasche. Ich schrecke auf. Um mich herum bleibt alles still.

Ina ruft mich an. Ich gehe nicht ran.

Wir wollen einfach losfahren, nicht auf die Zeit achten, einfach losfahren, nicht in Wochen denken. Wie lange darf ich noch wach bleiben?

Ich will nicht mehr sterben.

Unser Herz tut weh.

Ich schlucke.

Ich reiße die beschriebenen Seiten aus meinem Tagebuch und lege sie unter deine Bettdecke. Gleich, wenn ich fertig bin.

Ich werde dich noch einmal ansehen.

Mein Herz tut weh.

Meine Briefe an dich: Vielleicht wird sie dir jemand vorlesen, wenn ich gegangen bin.

Carla Pfeffer

Die andere Seite

Ich habe das Gefühl, er war schon immer da. Auch wenn ich ihn nicht sehen oder fühlen konnte, er war es schon immer. Er unterschied uns von den anderen, grenzte uns aus, sperrte uns weg. Ja er bildete die Grenze zwischen uns und euch. Und das machte mir einfach Angst.

Wieso verstand denn niemand, dass wir uns doch in nichts unterschieden, was das hier berechtigte. Nein ich hatte niemanden verletzt, niemanden beklaut und auch niemanden ermordet. Ich hatte nichts getan, außer die Tochter meiner Eltern zu sein – und die waren eben Juden.

Ich weiß nicht, ob die Leute hier wollen, dass ich mich dafür schäme, wer ich bin oder woher ich komme, wenn das jedoch ihr Ziel ist, muss ich sie leider enttäuschen, denn sie können mir alles nehmen, meine Freunde, meine Familie, meine Freiheit, meine Heimat, meine Haare, aber nicht meinen Stolz. Das hatte ich mir von Anfang an geschworen und daran versuchte ich, mich auch festzuklammern, denn ich brauchte eine Aufgabe für diesen Ort hier, um nicht direkt komplett durchzudrehen. Vielleicht ist das ja meine letzte.

Irgendwann müssen sie doch merken, dass das hier nicht das Richtige sein kann. Das Traurige ist, dass das die Mehrheit wahrscheinlich sogar weiß, aber was sollen sie tun. Sich selbst in Schwierigkeiten bringen? So wichtig ist ihnen ihr gutes Gewissen dann doch nicht. Es könnte alles so einfach sein. Es könnte …

Ich blicke durch den Zaun auf die andere Seite. Es tut so weh, dass meine Freiheit eigentlich direkt vor meinen Füßen liegt, aber doch weiter weg ist, als man es sich nur erdenken kann. Und selbst wenn ich sie hätte, hätte ich so viel verloren, denn wo meine Familie ist, weiß ich nicht, die Chance, dass sie noch lebt ist gering.

Aber er, er ist da drüben, auf der anderen Seite und wartet auf mich. Er ist das, was mich am Leben hält, mein Licht in der Dunkelheit, meine letzte Hoffnung. Aber ich weine nicht, denn ich werde ihn wiedersehen. Das hat er mir versprochen. Und was versprochen wird, das wird auch nicht gebrochen.

So tue ich jeden Tag, was sie von mir verlangen, höre mir ihr Gebrüll an, lasse mich erniedrigen, ignoriere die Schüsse, den Qualm über den Baracken, die verwesenden Leichen unter meinen Füßen und versuche meine jetzige Situation, so gut es geht, zu überstehen, aber akzeptieren werde ich das alles hier nie. Die Kleider hängen an meinem abgemagerten Körper herab, so richte ich mich auf, denn ich möchte nicht so aussehen, als hätten sie mich gebrochen. Soweit das geht.

Mein Blick schweift umher, über die Baracken, den verdreckten Sammelplatz – auf die andere Seite. Und auf einmal bleiben meine Augen an etwas hängen. Besser gesagt an jemandem. Ich sehe ihn. Er steht auf der anderen Seite, schaut mir tief in die Augen. Ich fange an zu weinen, auf einmal löst sich die ganze Last von mir und fällt von meinen Schultern. Ich rede schluchzend auf ihn ein: „Du kannst nicht glauben, wie froh ich bin, dich wiederzusehen", „Ich habe dich so vermisst, oh ich liebe dich so, aber was tust du hier? Was hast du vor?"

Doch er schaut mich einfach nur an, blinzelt nicht mal mit der Wimper. Sein Blick ist durchdringend, kalt und irgendwie auch angsteinflößend.

Ein Kloß bildet sich in meinem Hals, was ist denn los, habe ich was Falsches gesagt oder getan? „Rede endlich, rede", flimmere ich. „Bitte!" Aber er, er schaut mich einfach nur an.

Ich fange wieder an, zu weinen, aber dieses Mal nicht aus Erleichterung. Ich schließe die Augen und wische mir mit meinem dreckigen Ärmel die Tränen aus den Augen. Als ich sie öffne, ist meine Sicht ganz verschwommen, genau wie er, der sich vor meinen Augen langsam aufzulösen scheint, und auf einmal ist er plötzlich ganz verschwunden.

Ich schreie, schlage um mich. Er ist gegangen, der einzige Grund, der mich am Leben hielt, meine Zukunft. Was soll ich ohne Zukunft? Ich fühle mich kaputt, ausgelaugt und nun das erste Mal auch wirklich alleine. Ich kann das nicht mehr. Sie hatten mir jetzt wirklich auch noch ihn genommen.

Aber meinen Stolz werden sie mir nicht nehmen, rede ich mir erneut ein. Ich werde nicht durch einen unerwarteten Schuss, einen launischen Wachmann oder in der Gaskammer sterben. Der Entschluss ist schnell gefasst, ich habe nichts mehr, was mich hier noch hält. Meine Hand schnellt zum Stacheldrahtzaun, umfasst den Draht und ich drücke so fest ich kann. Unzählige Volt rasen in meinen Körper, meine Hand ist schnell blutüberströmt. Ich sehe sie noch herbeirennen, aber ich weiß, dass sie mich nicht kriegen werden. Diesen Kampf gewinne ich.

Ich merke langsam wie sich alles dem Ende zuneigt, jedoch verspüre ich kaum Trauer wegen meines gerade dahinscheidenden Lebens, sondern eher Triumph gegenüber meiner eigenen Entscheidung. Denn das war sie. MEINE Entscheidung. Vielleicht können sie meinen Körper wegsperren, ja. Aber meine Gedanken sind frei. Und er ist es jetzt auch.

Hannah Ries

Das einzige Hindernis

Der Motor heult auf, als Robert den Wagen startet, so wütend ist er. Er fühlt sich wie der Protagonist in einem dieser Filme, in denen dem Hauptdarsteller nur Schlechtes passiert. Er hasst seinen Job, er hasst seine Frau, er hasst alles, was ihm das Leben angetan hat. Von dem schweren Verrat seiner Eltern an ihrem einzigen Sohn, bis zu diesem elenden Wagen, in dem er rund um die Uhr reiche Leute chauffiert. Jedes Mal, wenn er einer alten Dame mit pelzbesetztem Mantelkragen in den Wagen hilft, fragt er sich, wieso er an der Straße vorbeigefahren war, die ihn zu dem Leben eines im Geld schwimmenden alten Mannes geführt hätte, obwohl sie direkt vor seinen Augen gelegen hatte.

Aber jetzt ist es zu spät. Es lässt sich nicht ändern. Er kann weder sein Studium zu Ende führen, noch sich mit seinen Eltern versöhnen, noch einen anderen Job suchen … Aber einer Misere in seinem Leben kann er ein Ende bereiten.

Heute hat er sich wirklich zum letzten Mal in seinem Leben von einem verfluchten Fahrgast um sein Geld betrügen lassen. Zum allerletzten Mal. Und dieses Mal war es auch noch eine gebrechliche alte Dame gewesen, die ihn aus müden, kranken Augen angeblinzelt hatte. Das sind normalerweise die verlässlichsten Fahrgäste … Er fühlt sich um mehr betrogen als sein Geld.

Im Rückspiegel sieht er einen Polizeiwagen und einen Moment glaubt er, die Bullen hätten seine Gedanken gelesen und würden ihn jetzt verfolgen. Obwohl er weiß, wie absurd dieser Gedanke ist, ist er erleichtert, als sie abbiegen.

Am Straßenrand winkt ihn ein alter Herr mit altmodischen Galoschen heran, aber Robert fährt weiter. Keine Zeit mehr für Fahrgäste.

Manchmal hat Robert den Eindruck, dass das Leben schneller war als er und kurz vor der Ziellinie einfach an ihm vorbeigezogen ist, ohne ihn mitzunehmen, ohne auf seine Bedürfnisse und Wünsche einzugehen. Frustriert presst er die Lippen aufeinander und tritt aufs Gas.

Er blinkt nicht, als er in die Straße einbiegt, in der Nick seinen Laden hat. Einen kleinen, verrauchten Tabakwarenladen. Unter der Theke vertickt Nick Pornoheftchen und wenn er einem einen Gefallen schuldet auch härteres Zeug. Nick nennt es gerne – vom Nikotin rau lachend – Drogen, Waffen und Staatsgeheimnisse.

Welch ein Glück, dass Robert bei Nick noch was gut hat. Er parkt sein eierschalenfarbenes Taxi im Halteverbot vor der mit Plakaten zugeklebten Eingangstür. Irgendein Schauspieler mit blutverschmiertem Gesicht grinst ihm dämlich entgegen. *Tödlicher Ruhm* heißt der Film. Aber mal davon abgesehen, dass Robert nichts mit solchen Filmen anfangen kann – mit Filmen im Allgemeinen nicht –, ist das Plakat schon mehrere Monate alt.

Ein herber Geruch nach Tabak schwappt ihm entgegen, als er die Tür aufdrückt und ein Glöckchen klingelt über seinem Kopf. Das helle Geräusch kommt ihm unpassend vor angesichts dessen, was er in diesem Laden kaufen will.

Aus dem Hinterzimmer dröhnt laute, klassische Musik, von der Nick so gerne spricht, ohne sich tatsächlich damit auszukennen. Nicht, dass Robert die Klänge irgendetwas sagen. Obwohl er nach einem berühmten Komponisten benannt ist, hasst er diese weichliche Musik.

Er ruft nach seinem Freund und als keine Antwort kommt, folgt er kurzerhand dem scheppernden Klang des alten, ausgebauten Autoradios.

Nick sitzt da, vollkommen versunken in ein Buch, das er sich direkt vor die Nase hält. Der wahre Weg zum inneren Frieden. Pah, denkt Robert. Wie kann irgendeiner dieser reichen Schriftsteller, die in luxuriösen Penthouse-Wohnungen hinter mehrere Quadratmeter großen Schreibtischen an teuren Computern sitzen, sich anmaßen, darüber zu schreiben, wie man inneren Frieden finden kann. Frei und somit friedlich sein, kann man nur mit Geld, denkt er. Sagt er auch zu Nick.

Nick lacht bloß und streckt sich. „Was ist denn besser", zitiert Nick, „die Zukunft durch den Spiegel der Vergangenheit zu betrachten, oder sich ihr von Angesicht zu Angesicht stellen?"

„Ist mir egal", entgegnet Robert schroff, ringt sich dann aber doch ein Lächeln ab. Mit Büchern dieser Art kann er nichts anfangen – mit Büchern im Allgemeinen nicht.

Er fragt Nick, ob er sich noch an den Gefallen erinnert, den dieser ihm schuldet, und an die Kleinkaliber zum Sonderpreis, die er ihm vor Monaten wegen dieses Problems mit der Nachbarkatze angeboten hat.

„Klar", sagt Nick. „Bin ja nicht bescheuert." Sorgsam markiert er die Seite in seinem Buch, klappt es zu und legt es auf einen Stapel ausgeblichener Krimis im

Ein-Euro-Taschenbuch-Format, wie man sie an jeder Tankstelle bekommt. „Macht die Katze wieder Ärger?", fragte Nick. „Wie hieß sie doch gleich?"

Robert nickt und murmelt irgendeinen ausgedachten Namen dahin, der ihm gerade so in den Sinn kommt.

Ein paar Minuten wühlt Nick in seinem Schrank herum, bis er in den Händen hält, was er sucht. „Das Magazin ist nicht ganz voll", sagt er. „Acht Schuss müssten noch drin sein."

Acht Schuss reichen um einen Menschen zu töten, denkt Robert, aber dieses Mal spricht er seine Gedanken nicht laut aus.

„Alles klar Bobby, ich geb sie dir für die Hälfte", grinst Nick. „Bist ein anständiger Kerl."

Das Lächeln des Taxifahrers fällt nervös aus, aber Nick ist so damit beschäftigt, den Preis zu ersinnen, den er von seinem Freund verlangen will, dass er nichts bemerkt.

„Ich geb sie dir für hundert und einen Freundschaftsdienst, den ich mir noch überlegen muss."

Nur einen Moment zögert Robert, dann nickt er. Den Freundschaftsdienst kann er dann immer noch umschiffen. Sie schlagen ein, er bezahlt bar – diese Sorte von Geschäft wird immer bar und auf die Hand abgewickelt, steuerfrei versteht sich – sein ganzes Gehalt an diesem mickrigen Tag. Nick wischt den Revolver sorgsam mit einem Mikrofasertuch ab, bevor er ihn seinem Freund überlässt.

Die beiden verabschieden sich. – Nick froh, dass er die Waffe los ist, an der so einige schmutzige Geschäfte kleben und froh dem Robert nichts mehr zu schulden, der ist ihm einfach zu unberechenbar, und Robert verabschiedet sich, die Tasche schwer von der Kleinkaliber.

Die Fahrt nach Hause, fällt ihm schwerer, als er gedacht hatte. Immer wieder tastet er nach dem kühlen Metall in seiner Tasche, immer wieder zuckt er vor seinen eigenen Gedanken zurück und immer wieder sagt er sich, dass kein Weg daran vorbeiführt. Seine Frau ist hässlich und langweilig und dumm und ihr Essen ist jedes Mal mehr ein Fraß, sie ist das einzige Hindernis in seinem Leben, das ihn noch davon abhält, endlich etwas Besseres daraus zu machen. Sagt er sich.

Er fährt das Taxi heute nicht zu seinem Arbeitgeber zurück, wo er seinen Privatwagen abgestellt hat, er fährt direkt nach Hause.

Das Haus sieht leer und ruhig aus, als wäre seine Frau nicht zu Hause, doch ihr Fahrrad steht in der Garage, als er das Taxi hineinfährt. Durch das Wohnzimmerfenster kann er einen Lichtschein sehen und in dem Lichtschein seine Frau, die wie immer pflichtbewusst den Tisch fürs Abendessen deckt. Gutes Weib, denkt er, merkt aber in dem Moment, wie sehr er sie verabscheut. Es ist lange her, dass sie sich beim Reden in die Augen geschaut haben.

Leise schließt Robert die Haustür auf. Im Flur riecht es nach gekochtem Gemüse. – Er wird es noch vor dem Essen erledigen, dann hat er es hinter sich. Mit einer Hand wirft er den Schlüssel auf die Kommode mit dem Telefon, mit der anderen zieht er den Revolver aus der Manteltasche und lässt ihn so im Ärmel verschwinden, dass man ihn nicht gleich sieht.

Wäre ich an seiner Stelle, so würde ich eine andere Tatwaffe wählen. Ein Revolver ist dumm, so etwas lässt sich schlecht vertuschen. Aber so war Robert von jeher.

Im Wohnzimmer ist es verdächtig ruhig, als habe seine Frau aufgehört, den Tisch zu decken und wäre in die Küche gegangen. Raschen Schrittes tritt er durch die Tür und findet das Zimmer tatsächlich leer vor. Suchend lässt er den Blick zu der Tür schweifen, die an die Küche grenzt, plötzlich ist Geschirrgeklapper zu hören.

Mit wenigen Schritten hat Robert den Raum durchmessen, hat die Hand auf der Klinke ...

Ich nehme im Augenwinkel eine Bewegung wahr und mein Kopf zuckt unwillkürlich herum. Dann geschehen zwei Dinge, von denen das eine aus dem anderen resultiert. Zunächst erblicke ich ein Gesicht am Fenster. – Ein Mann mit Hornbrille und unter eine speckige, abgegriffene grüne Mütze geschobenen Haaren, starrt im Vorbeigehen zu mir hinein, als würde er mich kennen. Nur eine Sekunde, er hebt die Hand wie zum Gruß, lächelt dünn, dann ist er verschwunden.

Anschließend wird mir bewusst, dass ich, abgelenkt von dem fremden Mann, das wundervolle Ende, das ich mir für die Frau meines frustrierten Taxifahrers so schön zurechtgelegt hatte, vergessen habe.

Und als ich den Blick wieder auf meinen Computerbildschirm richte, um zu Ende zu bringen, was Robert begonnen hat, ist es zu spät. Er liegt tot am Boden, seine Frau hält die schwere, gusseiserne Bratpfanne noch in den Händen, auf ihren Lippen liegt ein verzerrtes, vor Schadenfreude und Erleichterung beinahe irres Grinsen – eine entblößte Fratze ihres eigentlichen Gesichts.

Später stellt man fest, dass es Notwehr war. Man glaubt der armen Frau, dass sie ihren Mann getötet hat, weil er sie töten wollte. Und was spricht denn auch dagegen? Die Hand der Leiche war schließlich um den Revolver verkrampft und dann gibt es da ja auch noch diesen Zeugen, der aussagt, alles durch das Wohnzimmerfenster mitbeobachtet zu haben.

Ein Mann mit feistem Gesicht, der in einem schäbigen Anzug zur Gerichtsverhandlung erscheint und während seiner Zeugenaussage permanent eine alte, abgewetzte und auffallend hässliche grüne Cordmütze in den Händen knetet, als wäre er nervös, wo er doch ansonsten so ruhig ist.

Ich frage mich, wer dieser Mann ist, der mir meine Geschichte gestohlen hat, als würde sie ihm gehören, und dann frage ich mich, ob es so nicht das Beste war, für den Taxifahrer und seine Frau. Ich bin ein Dummkopf zu glauben, das alles habe Gewicht, denn das hat es nicht. Robert und seine Frau – das sind fiktive Charakter in einer fiktiven Welt und wer weiß, ob nicht auch ich bloß der Fantasie irgendeines Menschen entsprungen bin, der glaubt, an mir Gott spielen zu können.

Michelle Schatz

Sky

Die erste Bombe war für den Sendeturm bestimmt und würde eine Kettenreaktion starten, die das Observatorium und die Labore mitnehmen sollte. Es waren lange Quader von Gebäuden, alle von derselben Größe und Höhe. Nur das Observatorium mit seiner Kuppel stach hervor. Dazwischen Schluchten, an deren Grund Menschen in weißen Anzügen wie Insekten herumwuselten. Auf Erde-411 gab es keine wirklichen Insekten, nicht mehr. Cyrus hatte sie zum ersten Mal auf Erde-340 gesehen, eingesperrt in kleine Gläser.

Auf Erde-411 gab es nur kleine, in saubere Reihen geordnete Würfelhäuser und größere Institutionen, die der Forschung dienten. Alle waren sie in grellendem Weiß gestrichen, das sich blendend wie Sonnenlicht gegen einen ebenso hellen, blauen Himmel abzeichnete. Die zweite Bombe lag im zentralen Projektionsturm und eine dritte hatte Cyrus an den Satelliten angebracht.

Die Institution Rachel-23 auf Erde-411 bedeckte eine Fläche von vier Quadratkilometern, die von einem drei Meter hohen elektrischen Zaun umgeben war. Die vierte Bombe galt den Turbinen zur Stromversorgung.

Das größte Gebäude der Institution Rachel-23 war die Uhrenhalle, die für das Kind Cyrus die ganze Welt gewesen war. 582 Uhren verteilt an den Wänden von sechs Stockwerken mit niedrigen Decken. Jede von ihnen zeigte eine andere Kombination aus roten Leuchtziffern, die Uhrzeiten und Daten entsprachen. Nach zwanzig Jahren in dieser Halle wusste Cyrus noch, dass Erde-291 nach einheitlicher Zeitrechnung die jüngste der bekannten Erden war. Vielleicht gab es sein damaliges Zimmer noch, doch wahrscheinlicher war, dass sie für es einen neuen Nutzen gefunden hatten. Die fünfte Bombe war für die Uhrenhalle.

Cyrus stand auf dem Dach der Halle. Es war der beste Platz für eine gute Aussicht, um auch alles zu sehen, was folgte. Das Display auf seinem Unterarm zeigte ihm das Datum der Erde-411 in einer Ecke und sechs Buttons. Er drückte den ersten.

Auf der anderen Seite des Geländes krachte es. Lautes Trümmern, fauchendes Feuer und berstender Stein. Der Sendeturm, ein Gebilde aus dicken Kunststoffpfeilern und der Verkleidung aus weißem Stein, brach in sich zusammen. Eine schwarze und rote Wolke aus Rauch und Hitze quoll aus den Grundresten hervor. Die Sendemasten kippten kreischend über und rissen die dicke Außenwand des Observatoriums mit. Die ersten Menschen in ihren weißen Anzügen stürmten aus den Gebäuden.

Eine Welle kleinerer Explosionen ließ die Fenster entlang des Kuppelgebäudes platzen, danach krachte es noch lauter als beim ersten Mal. Die Kuppel zerfiel in fette Trümmerstücke, die von Feuer und Rauch vulkanartig in die Luft geschleudert wurden. Das hässliche Quietschen von heißem Stahl und das tiefe Grollen von Zerfall. Ihnen folgten die Trümmer und Scherben der Labore, erst Fenster, dann Wände, dann Feuer. Verkohlte Leichen.

Die nächsten beiden Knöpfe drückte Cyrus direkt nacheinander. Irgendwo in der Atmosphäre verglühten nun bald die Überreste eines Satelliten, während auf der

Erde ein weißer, runder Turm der Kraft von Chemikalien der Erde-513 zum Opfer fiel. Brüllende Flammen.

Der blaue Himmel flimmerte. Flimmerte, zuckte, Wolken verschoben sich ruckartig. Und verschwanden dann. Auf Erde-411 war es also letztendlich nicht anders als auf anderen Erden. Der echte Himmel war eine widerliche Wahrheit, die niemand sehen sollte. Kein Blau, keine weißen Wolken. Nur ein schwarzer, verqualmter Himmel und die weißen Würfelhäuser wirkten noch heller. Außerhalb des Zaunes strömten die Menschen aus ihren Häusern oder drückten ihre Nasen an den Fenstern platt.

Der vierte Knopf und der Würfel, der am nächsten am Zaun lag, löste sich in Schutt auf. Die Lichter gingen aus und alle hellen Rechtecke auf den Böden verschwanden. Kein künstliches Licht mehr, nur das Feuer erhellte den schwarzen Himmel. Geschrei erhob sich.

Cyrus sog den Geruch von Brand ein, glaubte sogar, die Hitze im Gesicht und die Partikel in den Augen spüren zu können. Dieser Himmel gefiel ihm besser als die blaue Projektion. Sollten sie alle diesen schwarzen Himmel sehen. Die gesamte Bevölkerung der Erde-411, etwas weniger als zwei Milliarden Menschen, sollte aufwachen, durch laute, heiße Dunkelheit.

Als Letztes auf dieser Erde wie auf den dreizehn anderen, auf denen er nun schon gewesen war, war die Uhrenhalle dran. Doch auf Erde-411 kannte er dieses Mal jede Ecke der Halle. Mit zwanzig Jahren hatte er hier den ersten bionischen Arm bekommen, bevor ihm über die folgenden Jahre alle anderen Knochen ebenfalls ersetzt und die Nervenbahnen neu verlegt wurden. Er wusste von einem Raum im Kellergewölbe, in dem er fünfundzwanzig rote Kacheln an den Wänden gezählt hatte. Dieser Raum hatte keine Türen und diente dem Test des molekularen Reisens. Er erinnerte sich an die Aufregung, als er es zum ersten Mal geschafft hatte und alleine in diesem dunklen Raum gewesen war, das Display auf seinem Arm die einzige Lichtquelle. Ein perfekter weißer Würfelraum mit fünfundzwanzig roten Kacheln.

Es gab ihn immer noch und er kehrte in ihn zurück. Fünfundzwanzig rote, zersprungene Kacheln und doch war alles wie damals. Cyrus drückte den letzten Knopf. Weit über ihm zertrümmerten Feuer, Bombensplitter und Chemikalien die Mauern und Fenster der Uhrenhalle.

Auf Erde-411 sollte es enden. Keine Forschung, kein falscher Himmel, nicht einmal dieses interirdische Projekt hätten sie überhaupt retten können. Für eine zerstörte Erde gab es keine Hoffnung mehr. Erde-411 würde untergehen und war bereits mit Sky untergegangen.

Sein nächstes Ziel nach vierzehn Erden war nun die Institution Maria-45 auf Erde-513. Die älteste Erde des Kongresses der bekannten Erden. Erde-513, auf der Professor Timothy van Hogharth bereits seit dreihundert Jahren tot war, während er erst vor wenigen Tagen auf einer dem Kongress unbekannten Erde von einem Baum und auf den Kopf gefallen war. Dieser Sturz hatte auf allen bekannten Erden die Theorie multipler Universen ausgelöst, für die van Hogharth nach seinem Tod bis zur Gegenwart noch immer gepriesen wurde.

Es hatte zu toten und falschen Himmeln geführt. Auf Erde-513 trugen die Menschen Gasmasken und wer sie sich nicht leisten konnte, hatte graugelbe Haut und rot geschwollene Augen. Die Arbeiter der Maria-45 sahen gleich aus in schwarzen Anzügen und weißen Kitteln, hinter dem Glas der Filterhelme. Ohne den Projektionsturm, den sie da reparierten, lebten sie auch nur im Schatten von schwarzen Wolken und zu trockener Luft.

Cyrus entschied sich für das Dach des Waffenhangars. Die meisten Erden des Kongresses besaßen keine Waffen mehr. Manchen fehlten die Rohstoffe, wenige hatten Kriege aufgegeben und andere hatten ihre Waffen an Erde-513 abgetreten. Maria-45 besaß nur einen Hangar von vielen auf dieser Erde. Seine letzten Bomben hatte Cyrus von Maria-37.

Er bediente das Display auf seinem Unterarm. Seine Stimme klang nach all der Zeit immer noch fremd in seinen Ohren, da sie damals einige seiner Stimmbänder ersetzt hatten. „Ich bin auf Erde-513, Institution Maria-45. Ihr hättet niemals Sky töten dürfen."

Die Explosion des Waffenhangars reichte für Maria-45 aus.

Erde-582, Institution Sarah-12
„Wir haben Subjekt-411 Cyrus eingefangen", berichtet der General dem Professor, „Er befand sich auf Erde-275, Institution Ruth-2, als die Einheit ihn festgesetzt hat."

„Sechzehn Erden haben Sie ihn zerstören lassen. Dabei hat er seine Position immer angekündigt."

„Er reiste schneller als die Einheit. Dazu der Schaden an den Uhrenhallen …"

„Keine Ausreden! Sagen Sie mir, was Sie über den Defekt des Subjekts wissen. Ich muss dem Kongress diese Vorkommen erklären."

„Unserem Erkenntnisstand zufolge handelt es sich bei Subjekt-411 um keinen technischen Defekt. Wir haben sein Wandler-Skelett stillgelegt und untersucht. Keine Änderungen in seinem Verhalten. Wie bei seinen Ankündigungen wiederholt er, wir hätten Sky nicht töten sollen. Wir wissen noch nicht, was er damit meint, aber wir sind dabei, seine Daten zu entschlüsseln."

„Sie wissen, wie es auf den Erden aussieht, General. Aus diesem Grund gibt es den Kongress und Ihre Einheit. Wir tun alles, was in unserer Macht steht, um die Erde zu retten. Finden Sie heraus, was für ein Defekt bei Subjekt-411 vorliegt; offensichtlich waren Sie nicht gründlich genug."

„Sobald wir die Daten entschlüsselt haben, werden wir eine weitere Durchsuchung ansetzen."

„Setzen Sie eine Gesamtuntersuchung Ihrer Einheit an. Noch einen solchen Akt können wir dem Kongress nicht vorlegen."

„Jawohl, Professor."

„Gab es Aspekte, die das Subjekt von der Einheit abhoben?"

„Für das Wandlerprojekt haben sich auf vielen Erden die gleichen Personen freiwillig gemeldet. Von mir gibt es noch vierzehn andere Wandler. Subjekt-411 Cyrus gab es nur einmal."

„Etwas anderes?"

„Es gibt einen Abschnitt, in dem wir seine Spur verloren haben. Wir spekulieren darauf, dass er eine unbekannte Erde betreten hatte."

„Finden Sie es heraus!"

„Jawohl, Professor."

Der General verlässt den Raum. Der Professor sinkt seufzend in seinen Schreibtischstuhl und denkt nach. Wie soll er dem Kongress erklären, dass sie niemals Sky hätten töten lassen sollen?

Nicole Schmidt

Im Sommer singen die Zikaden

Ich erinnere mich noch genau an den Sommer von vor drei Jahren. Da meine Mutter sich auf eine Geschäftsreise begab, musste ich für zwei Tage zu meinem Großvater, den ich seit etwa zehn Jahren nicht mehr gesehen hatte.

Mit den Händen in den Hosentaschen stieg ich aus dem Bus. Die restliche Strecke wäre zu Fuß zu bewältigen, und das bei einer derartigen Hitze, die ich anfangs nicht vermutet hatte. Wie lästig.

Mein genervter Gesichtsausdruck sprach wohl Bände, während ich der Straße entlang eines Reisfeldes folgte. Um der Sonne trotzen zu können, zog ich letztendlich meine braune Lederjacke aus. Irgendwie ärgerte mich gerade alles hier. Wie die Hitze in der Ferne fast schon eine Fata Morgana erzeugte, wie meine Umhängetasche beim Laufen ständig gegen mein Bein stieß und dieses penetrante Geräusch im Hintergrund: der Gesang von Zikaden.

Deshalb wollte ich mich lieber auf anderes konzentrieren und versuchte, an Opa zu denken. An den alten Herrn konnte ich mich zu der Zeit kaum noch erinnern. Masao Watanabe war sein Name. Lebte in einem recht abgeschiedenen Dorf. Nur schemenhaft blieb mir sein Aussehen im Kopf.

Plötzlich vibrierte mein Handy, was ich bei dem Empfang hier draußen eigentlich nicht erwartet hatte. Als ich dann nachschaute, wer mir denn schrieb, knirschte ich verachtungsvoll mit den Zähnen.

Shigeru, Schatz, wie geht es dir denn so? Bist du schon bei Opa angekommen?

Ohne eine Antwort zu geben, steckte ich mein Handy wieder ein. Diese Frau besaß gar nicht das Recht dazu, nach meinem Wohlergehen zu fragen.

Was auch immer, ich war jetzt schon fast so gut wie da. Einige traditionelle Noka-Häuser, die nicht gerade neu wirkten, erstreckten sich vor mir. Vor solch einem stand eine Frau, etwa Ende vierzig, mit einem einfachen Kimono und einem Schirm zum Schutz vor der Sonne. In dem Moment, als sie mich erblickte, sauste sie in kleinen Schritten zu mir und grüßte mich lächelnd: „Guten Tag. Sie müssen wohl Herrn Watanabes Enkel sein?" Sie verbeugte sich vor mir, woraufhin ich dies verkrampft nachahmte. „Tag", erwiderte ich. „Ja, der bin ich."

„Mein Name lautet Sato Sayaka, ich bin die Pflegerin Ihres Großvaters. Wenn Sie mir bitte folgen würden."

Daraufhin liefen wir auf dem schmalen Pfad Richtung Haustür. Als wir den Eingang betraten, bat mich die Pflegerin hastig: „Bitte Schuhe ausziehen."

Während ich das tat, schaute ich gebannt auf die Schriftrolle, die vorne an der Wand hing. Obwohl ich darauf nicht alles entziffern konnte, stellte ich dennoch fest, dass es sich dabei um das alte Gedicht *Iroha* handelte.

Obgleich die Farben der Blüten duften …

„Mein Herr, Sie sollten sich doch in Ihrem Zimmer ausruhen", rief Sayaka auf einmal besorgt.

Dann bemerkte ich ihn auch; ein alter Mann im lila Kimono stand links da und lächelte mir zu. „Du bist doch Shigeru, nicht wahr?" Er kam näher und umarmte mich plötzlich. „Meine Güte, bist du groß geworden."

Während ich erstarrt wie eine Salzsäule stand, schien Sayaka neben uns gerührt von diesem Wiedersehen zu sein und verkniff sich Tränen. „Komm doch in mein Zimmer, wir haben uns so viel zu erzählen", meinte Opa. Irgendwie seltsam, seine Begeisterung. Und ich hatte ihn gar nicht so klein in Erinnerung. Der Holzboden im Flur knarzte bei jedem Schritt, bis wir dann schließlich in seinem Zimmer ankamen, welches voll war mit selbstgemalten Bildern vom Fuji. Zitternd führte der alte Mann mich zu einem kleinen Tisch hinten, vor dem zwei blaue Sitzkissen lagen. „Es ist ganz schön lange her", fing mein Opa an. „Du bist schon mittlerweile siebzehn? Ach, wie die Zeit so schnell vergeht." Nachdem er herzlich gelacht hatte, betrachtete er mich. Sicherlich sah ich nicht gerade nach dem Sinnbild eines perfekten Enkels aus; tiefe Augenringe, blondgefärbte verwuschelte Haare, und weil ich keine anderen sauberen Sachen parat hatte, trug ich meine faltige Schuluniform.

„Du scheinst wohl keinen großen Wert auf Ordnung zu legen", kommentierte er lachend. Obwohl ich so was schon erwartet hatte, stieß mir das dennoch sauer auf. Ziemlich direkt, der Alte, dachte ich mir.

„Davor hat mich schon dein Vater gewarnt, aber keine Sorge, mir macht es überhaupt nichts aus", versicherte er mir und begann dann mit seinen langen Erzählungen, bei denen ich nur halbherzig zuhörte.

Anscheinend mochte der Opa es wohl, um den heißen Brei zu reden. Aber obwohl es ihm sicher schon auffiel, dass ich kaum zuhörte, machte er dennoch weiter und genoss es. Schließlich bemerkte ich auf seinem Tisch ein Haiku, das er wohl erst vor Kurzem verfasst hatte:

*Der seichte Wind
und zirpende Zikaden,
ein warmer Sommertag.*

Nun fielen mir diese nervigen lauten Viecher auch wieder auf. Irgendwann entschloss der alte Herr sich dazu, mir seinen Garten zu zeigen, und ich folgte ihm wortlos dabei. Nach zwei Stunden Langeweile wollte die Pflegerin mir neue Sachen zum Wechseln geben und bat mich deshalb in das Gästezimmer, wo ich übernachten würde. „Hier", sagte sie und präsentierte einen hellblauen Kimono. „S-Sowas kann ich doch nicht anziehen!" „Aber wieso denn nicht? Die Farbe würde Ihnen so gut stehen", antwortete sie enttäuscht. „A-Aber ich …", gab ich stotternd von mir. Tradition und Kultur hin oder her, so ein Kleidungsstück zu tragen wäre mir viel zu peinlich. Doch irgendwann hörte ich aus Gewissensgründen mit dem Widersetzen auf. Wie ich das hasste.

Danach nahm mich Sayaka mit zum Einkaufen, um ihr behilflich sein zu können. Und das in diesem Kimono. „Hey, ist das etwa Masaos Enkel?", fragte der Verkäufer, der wohl Opas alter Freund war. „Siehst ihm wirklich wie aus dem Gesicht geschnitzt aus, Junge!"

Am Abend saßen dann Opa und ich am Tisch und warteten auf das Essen. „Frau Sato macht wirklich die besten Gerichte", erzählte er mir, und allein schon am köstlichen Duft konnte ich ihm zustimmen. „So, alles ist fertig", verkündete Sayaka und stellte die Teller hin. Bevor Opa zu essen anfing, legte er die Hände wie in einem Gebet zusammen und sprach: „Guten Appetit."

„Das ist echt lecker!", meinte ich gleich nach dem ersten Bissen, woraufhin die Köchin lächelnd sagte: „Danke, das freut mich."

Wir saßen eine Weile schweigend da und aßen, wobei ich das Gericht regelrecht runterschlang. Mir egal, ob das jetzt unhöflich rüberkam. Es schmeckte einfach zu gut.

„Weißt du", setzte der Alte an, „deine Mutter hatte mir per Telefon verraten, Teriyaki sei dein Lieblingsessen. Deshalb hab ich Frau Sato gebeten, es für dich heute zuzubereiten." Bei der Erwähnung wurde mir flau im Magen. „Deine Mutter und ich reden oft über dich, Shigeru, weil sie sich immer solche Sorgen um dich macht."

„Sorgen?", wiederholte ich und lachte bitter. „Eher vertraut sie ihrem siebzehnjährigen Sohn nicht genug, zwei Tage lang allein auf sich aufzupassen." Absichtlich laut stellte ich den Teller wieder auf den Tisch und stand auf. „Mir ist der Appetit vergangen. Trotzdem danke." Während ich den Raum verließ, schauten Sayaka und Opa mir besorgt hinterher.

Am nächsten Tag, nachdem ich von der Toilette kam, sah ich, wie der Alte in meinem Zimmer Blätter von mir las. „Warte mal."

„O, Shigeru."

„Sind das etwa meine?!" Wütend riss ich ihm diese aus der Hand.

„Verzeihung, sie lagen hier so achtlos rum, als ich reinkam."

Daraufhin stampfte ich ziemlich sauer aus dem Raum, doch hatte Opa, glaube ich, ein Lächeln auf den Lippen.

Wie konnte er es wagen, einfach so meine Gedichte zu lesen?!

Am späten Nachmittag war mein Ärger wieder verflogen, dafür aber die Hitze und die Langeweile nicht. Die Decke anstarrend saß ich im Esszimmer, als plötzlich Opa eintrat. „Hast du nichts als Beschäftigung?"

„Ne", entgegnete ich gähnend.

Nachdem er eine Weile nachgedacht hatte, huschte er kurz raus und kam dann mit einem leeren Papier und einem Stift wieder.

„Und was soll ich jetzt damit?", fragte ich.

„Ein Haiku verfassen."

„Was?"

„Weißt du denn, wie man eines schreibt?"

„Schon, aber ..."

„Na, fein. Lass dir ruhig Zeit", war das Letzte, was er sagte, ehe er wieder verschwand. Ich hatte ab dem Zeitpunkt wirklich das Gefühl, der Alte wollte mich für dumm verkaufen. Vielleicht hätte ich einfach meine Gedichte nicht so offen liegenlassen sollen. Wie müde ich mich doch fühlte, und wie laut die Zikaden mal wieder waren. Da schoss mir ein Gedankenblitz durch den Kopf, den ich nicht mehr ignorieren konnte. Ich nahm den Stift zur Hand:

Im halbdurchlässigen Licht
sitzend,
den Zikaden lauschend.

„Opa, was schreibst du denn da?"
„Ich? Ach, das ist ein Gedicht", erklärte er freundlich.
„Genauer gesagt ein Haiku."

„Kann ich das auch mal probieren?" „Natürlich", erwiderte er lachend und tätschelte meinem Jüngeren Ich den Kopf.

„Mama, schau mal!" „O, was hast du denn so Schönes geschrieben? Ein Gedicht?" Interessiert las sie es leise. Als sie fertig war, lobte sie mich: „Das ist so schön, gut gemacht, mein Schatz!"

Nachdem ich von der Schule kam, hörte ich laute streitende Stimmen. Papa und Mama schon wieder. Zersplittertes Glas. Ich war so voller Angst, dass ich zitternd im Flur stand und mich mehrere Minuten nicht mehr bewegen konnte.

„Hey, siehst du diesen Typen da?"
„Prügelt der sich nicht ständig mit anderen? Der hat auch echt 'nen bösen Blick."
„In der Grundschule soll er immer allein gehockt und Gedichte geschrieben haben!"
„Ne, glaub ich nicht!"
„He, hört ihr mal mit diesem Geflüster auf?!", schrie ich verärgert.
„S-Sorry", entschuldigte sich einer von denen. Danach ging ich unbehelligt weiter.

„Shigeru", rief Mutter, „was soll nur aus dir werden?" Sie hielt meinen Test von letzter Woche hoch, der nicht gerade rosig aussah. „Du solltest mal anfangen, dich mehr anzustrengen, es geht immerhin um deine Zukunft."

„Ach, jetzt auf einmal interessierst du dich für mich?",
gab ich bissig zurück. „Sonst gar nicht. Nur, wenn 'ne
schlechte Nachricht ansteht, oder?" Genervt ging ich in
mein Zimmer und knallte die Tür hinter mir zu.

„Shigeru ..."

Nach kurzer Zeit wachte ich wieder auf. Die Atmosphäre hatte mich wohl schläfrig gemacht.

„Gut geschlafen?", fragte Opa, der plötzlich gegenüber von mir saß, weswegen ich erschrak.

„Es überrascht mich, dass du dein Haiku so neutral gehalten hast", meinte er mit dem Papier in der Hand. „Nimmst wohl gern ungefragt Sachen anderer, huh?" Laut lachend fuhr er dann fort: „Ich hätte damit gerechnet, du würdest mehr Emotionen reinbringen."

„So funktioniert doch ein Haiku nicht", widersprach ich entschieden.

„Womöglich, doch bei Kunst soll man sich nicht davor scheuen, mal ab und zu die Regeln zu brechen."

„Aha", gab ich lustlos von mir.

„Magst du mir vielleicht den Rest deiner Gedichte zeigen?"

„Hä?!"

„Ich dachte, du hättest sie mitgenommen, um sie deinem alten Großvater mal zu zeigen."

Schon wieder siegte mein Gewissen und ich holte sie rasch her. Wie er sie mit einem seichten Lächeln las, machte mich zugegeben nervös.

„Wir vergaßen unsere Namen auf der Straße, der Schnee fiel und versteckte sie", sagte er eine Stelle plötzlich laut auf, was mich peinlich berührte.

„Du bist wohl ein Liebhaber von Metaphern", merkte er an. Nachdem der alte Herr fertig war, meinte er zufrieden: „Du besitzt wirklich Talent." Schweigen trat ein. „Nimm deiner Mutter das nicht so übel", sprach er auf einmal. „Ich weiß, sie hat manchmal Probleme mit deinem Vater, aber ..."

„Darum geht's mir auch nicht", unterbrach ich ihn. „Die Frau mutet mir gar nichts zu, hält mich sicher für einen dummen Sohn, der nichts auf die Reihe kriegt. Das weiß ich doch selbst. Das braucht sie mir nicht ständig unter die Nase zu reiben."

„Hast du denn einen Zukunftswunsch vor Augen?", fragte Opa mich.

„Nein, hab keinen Plan."

„Das ist schon nicht so schlimm", versicherte er mir und blickte nach draußen. „Lass dir ruhig alle Zeit der Welt, um deine Antwort zu finden. Es gibt auch Menschen, die brauchen ihr ganzes Leben lang, um sie zu finden."

„Aber ..."

„Du erinnerst mich sehr an mich, als ich jung war", funkte er dazwischen. „Respektlos, unverantwortlich, und immer auf Ärger aus."

Dieser alte ...!, wollte ich gerade gedanklich fluchen, als dann Opa fortfuhr: „Das erinnert mich daran, als ich deine Oma kennenlernte. Ich hatte mich bei einer Prügelei verletzt, als sie dann zufällig vorbeikam und mich pflegte. Nach ihrem frühen Tod fing ich dann an, zu malen und Haikus zu verfassen, um meine Ruhe zu finden." Er lächelte mich an. „So ähnlich geht es dir sicher auch, oder? Die Lyrik hat etwas Beruhigendes."

Dazu schwieg ich nachdenklich.

„Ach, lass uns das ernste Thema beiseiteschieben. Lass uns stattdessen einen kleinen Spaziergang im Garten machen."

„In Ordnung", erklärte ich mich erstaunlich schnell dazu bereit.

„Hey, du lächelst ja", stellte er überglücklich fest.

Am folgenden Tag musste ich wieder nach Hause reisen. Ein frischer Wind wehte, der die Hitze ausglich.

„Grüß deine Eltern von mir", bat mich Opa darum. „Ich würde euch gerne selbst besuchen, wenn meine Verfassung es zuließe."

„Passen Sie gut auf sich auf", bat Sayaka darum und verbeugte sich höflich.

„Ich glaub, der Besuch hier hat mir schon gut getan", gab ich ehrlich zu, auch wenn dies nicht so meine Art war.

„So gut, dass du endlich mal was gegen deine Haare unternimmst?", fragte Opa scherzhaft und fügte dann hinzu: „Nur Spaß."

Der Alte weiß echt, wie er mich auf die Palme bringen kann, dachte ich, doch musste ich selbst ein wenig lachen. Ich konnte es kaum fassen, wie ein zweitägiger Besuch mich so verändern konnte. „Dann geh ich mal langsam."

„Auf Wiedersehen", sagten die beiden zu mir. Aber bevor ich mich aufmachte, drehte ich mich noch ein letztes Mal um und fragte: „Darf ich denn irgendwann wiederkommen?"

„Du musst doch nicht extra fragen", antwortete Opa. „Du bist hier jederzeit herzlich willkommen. Familie ist doch etwas so Wichtiges."

Er winkte mir nach, ich winkte ihm nach. Dieses Bild von ihm, so gebrechlich, und dennoch stets lächelnd, brannte sich tief in mein Gedächtnis ein. Denn das war das letzte Mal, dass ich ihn jemals sah.

Nun stehe ich wieder vor seinem Haus. Nach seinem Tod vor drei Jahren wurde dieses offiziell seinem Testament nach meiner Mutter vermacht, die es wiederum mir nach meinem Schulabschluss übergab mit den Worten: „Opa hätte es sicher auch gewollt." Während sie das sagte, hatte sie Tränen in den Augen.

Ich betrete das leerstehende Haus. *Iroha*, das Gedicht über die Vergänglichkeit, hängt noch immer da an seinem Platz. Zwar stehen noch die Möbel da, doch sind sie von einer dicken Staubschicht bedeckt. Als ich mich in Opas altem Zimmer vorfinde, bemerke ich, dass auf seinem Tisch ein Zettel liegt mit den Worten:

Der seichte Wind
und zirpende Zikaden,
ein warmer Sommertag.

Nun fielen mir diese nervigen lauten Viecher auch wieder auf. Ich muss lachen und doch weinen zugleich. Zwar hab ich den alten Herrn noch nicht mal lange gekannt, aber dennoch wünsche ich mir, er wäre noch am Leben und würde mir zum tausendsten Mal seinen bescheuerten Garten zeigen und mich volllabern. Zügig hole ich meinen Kuli raus, den ich bei mir habe.

„Bei Kunst soll man sich nicht davor scheuen, mal ab und zu die Regeln zu brechen", waren seine Worte, deshalb schreibe ich auch:

Steig auf,
o, Seele der Zikade,
in dein nächstes Leben hinein!

Zwar klingt es ein wenig bescheuert aus meiner Sicht, doch ich bin trotzdem mehr als zufrieden damit. Ich lege den Zettel wieder zurück und mache mich auf, das Haus noch einmal neu zu erkunden.

Die Zikaden trällern weiterhin ihre Lieder ohne Unterlass; an diesem ereignislosen Sommertag wie jeder andere.

Hannah Schmitz

Neu entdeckte Welt

12.07.2017
Hi! Ich bin Sarah. Ich bin zwölf Jahre alt und vor einer Woche umgezogen. Du glaubst ja nicht, wie ätzend das ist! Von der Großstadt, wo ich so viele tolle Freundinnen hatte, hierher nach Gurkendorf! Das wahrscheinlich winzigste, abgelegenste und zugleich hässlichste Dorf der Welt. Hier ist alles so dunkel und ungemütlich: alte Häuser, kaputte Straßen, menschenleere Gassen. In meiner alten Stadt Hamburg, war ich mit meiner Clique in einer Mädchenschule. Weg von den ganzen Kleinkindern von Jungs. Aber hier, hier bin ich alleine. Es gibt eine kleine Schule, dort gehen aber soweit ich weiß Mädchen und Jungs hin.

Zurzeit sind Sommerferien, daher habe ich noch keine Freunde gefunden. Um genauer zu sein, ich habe noch keinen einzigen Gleichaltrigen gesehen. Ach ja – bis auf den Jungen von nebenan. Der geht manchmal mit seinem Hund spazieren und kommt mit einer prallgefüllten Tasche wieder zurück. Ich will gar nicht wissen, was darin ist. Dich bekam ich von meiner besten Freundin geschenkt.

Sie sagte: „Sarah, sei nicht traurig! Wir können uns bestimmt mal in den Ferien treffen. Als Andenken an mich möchte ich dir dieses Tagebuch schenken. Schreibe alles auf, was du normalerweise mir erzählen würdest."

Normalerweise würde ich jetzt auf meinem Bett liegen und mit meinen Freundinnen chatten. Dies ist leider nicht möglich, da ich erstens gar kein richtiges Bett habe – wir leben nämlich jetzt in einer alten Hütte, wo alle auf dem Fußboden schlafen müssen – zweitens es hier keine einzige Ecke gibt, wo ich Handyempfang habe und ich drittens keine Lust habe, mit meinem kleinen achtjährigen Bruder Lego zu spielen. Stattdessen sitze ich hier im Vorgarten und schreibe alles auf, was ich meiner besten Freundin erzählt hätte. Ach ja richtig, du willst bestimmt wissen, warum wir umgezogen sind. Wir haben kaum Geld und mein Vater hat hier einen neuen Job bekommen. Das Leben in Gurkendorf ist wesentlich günstiger als in Hamburg.

Und jetzt? Jetzt sitze ich hier und erzähle mit einem Buch voller leerer Seiten?! So ein Schwachsinn!

Ich gehe auf Empfangsuche. Das hier macht mich alles wahnsinnig.

...

Hey Tagebuch! Zuerst einmal muss ich mich entschuldigen wegen vorhin. Ich habe festgestellt, dass ich unbedingt jemanden brauche, dem ich erzählen kann, was mir gerade passiert ist: Also, wie du weißt war ich auf Empfangsuche. Dabei hatte ich die Augen nur auf mein Handy gerichtet.

Irgendwann wusste ich nicht mehr, wo ich war. Ich ging um eine Wegbiegung und kam mir plötzlich winzig vor, da sich vor mir eine gigantische grüne Hecke auftürmte. Zuerst dachte ich, ich wäre am Ende einer Sackgasse angelangt, wollte umdrehen und den Weg nach Hause suchen. Doch irgendetwas schien mich magisch anzuziehen. Mein Bauchgefühl sagte mir, dass dies keine Sackgasse war. Ich drehte mich erneut um und betrachtete das Gestrüpp ganz genau. Plötzlich bemerkte ich das Loch ganz unten in der Ecke. „Zu klein!", dachte ich. Doch meine innere Stimme überredete mich, noch einmal nachzusehen. Mich bückend besah ich mir das Loch zum zweiten Mal und sagte enttäuscht: „Schade – ich hätte zu gerne gewusst, wie es dahinter aussieht."

Zu meinem Erstaunen schien sich das Loch ein wenig zu weiten. Als ich vorsichtig meinen Kopf hindurchstreckte, war ich überwältigt. Während ich mich auf die andere Seite zwängte, machte es plötzlich nicht mehr den Anschein, dass das Loch ein enges war. Vor Staunen weiteten sich meine Augen. Vor mir lag der wunderbarste Ort, den ich je gesehen hatte.

Als ich weiterging, erblickte ich einen Baum. Welche Sorte es war, konnte ich merkwürdigerweise nicht ausmachen. Auch blieb es mir verwehrt, näher an ihn heranzukommen. Unter diesem Baum befand sich eine aus Holz angefertigte Bank.

Die ganze Wiese leuchtete in einem saftigen Grün. Hindurch floss ein kleiner Bach. Das Wasser war so klar, dass man davon trinken konnte. Bevor ich wieder nach Hause ging, nahm ich einen Schluck – es schmeckte köstlich! Gegenüber des Baumes befand sich ein Felsen. So hoch, dass ich mich wunderte, dass man ihn vom Dorf aus nicht sehen kann. Auf diesem Felsen stand ebenfalls ein Baum. Ich glaube, es war ein Apfelbaum. Auch er inmitten einer Wiese. Diese war so reich mit Blumen übersät, dass sie in allen Farben fröhlich schimmerte. Doch schien es mir, als gäbe es keinerlei Möglichkeit, den Felsen zu erklimmen.

Nichtsdestotrotz wusste ich, dass ich nach Hause musste und kehrte um. Jedoch schwor ich mir, diesen Ort erneut aufzusuchen. Erst als ich wieder zu Hause war, wunderte ich mich, wie leicht ich den Weg zurück gefunden hatte. Morgen werde ich den Weg erneut suchen, morgen erstatte ich dir erneut Bericht. Gute Nacht!

13.07.2017
Hi! Ein neuer Tag ist vergangen. Davon muss ich dir unbedingt erzählen.

Heute, direkt nach dem Frühstück machte ich mich auf zu meinem neuen Lieblingsplatz. Ungefähr konnte ich noch sagen, in welche Richtung ich gestern gegangen war. So marschierte ich los. Doch egal wie oft ich es versuchte und so sicher ich war, nicht im Kreis zu laufen, gelangte ich, auf sonderbare Weise, immer wieder zurück zu unserer Hütte.

Ich erinnerte mich, letztes Mal auf mein Handy geschaut zu haben, also tat ich desgleichen und ging einfach drauflos. Nach einiger Zeit fiel ein gewaltiger Schatten auf mich, ich erschrak. Als ich aufblickte, erkannte ich die riesige Hecke, doch das Loch war verschwunden.

„Komisch …", dachte ich.

Enttäuscht lief ich nach Hause. Am Nachmittag wollte ich es noch einmal versuchen. Wieder den Blick auf mein Handy gerichtet, zog ich los. Als der Schatten auf mich fiel, wusste ich, ich war angekommen. Die Hecke mit meinen Augen absuchend bemerkte ich, dass das Loch wieder da war. Eigenartig. Schnell schlüpfte ich hindurch.

„Herrlich, nichts hat sich verändert!"

Aus irgendeinem Grund war ich zutiefst erschöpft. „Zum Glück ist hier ein Bach", seufzte ich, ließ mich auf die Knie fallen und trank.

„Ob ich wohl die Erste bin, die diesen Ort entdeckt hat?", fragte ich mich. Darüber nachdenkend lief ich auf den Baum zu. Meine Augenlider wurden immer schwerer und drohten augenblicklich zuzufallen. Müde ließ ich mich auf der Bank nieder.

„Warum komme ich plötzlich an den Baum heran?" Das war das Letzte, was ich zu denken vermochte, bevor ich einschlief. Bei Anbruch der Dunkelheit erwachte ich aus meinem traumlosen Schlaf, fuhr hoch und erschrak. Ein Blick auf mein Handy verriet mir: 20.00 Uhr!

„So ein Mist! Ich muss nach Hause." Sofort sprang ich auf und rannte zur Hecke. Der Anblick der sich mir bot, ließ mich noch für einen Augenblick in meiner Bewegung verharren: Die Sonne ging hinter dem Apfelbaum auf der Blumenwiese langsam unter. Traumhaft schön!

Den Blick stur auf das Display meines Handys gerichtet fand ich den Heimweg schnell und lief geradewegs meiner Mutter in die Arme. „Sarah! Wo um alles in der Welt hast du nur gesteckt? Hast du etwa wieder den ganzen Tag nur mit deinem Handy gespielt?" Ohne eine Antwort abzuwarten, riss sie mir mein Handy aus der Hand: „Das bleibt bei mir, und du hast Hausarrest!"

Damit machte sie auf dem Absatz kehrt und verschwand in der Hütte. Oh nein, das werde ich mir auf keinen Fall gefallen lassen, ich finde schon eine Lösung. Morgen werde ich mich rausschleichen und die Hecke aufsuchen. Ich werde dir alles erzählen. Bis dahin, Sarah.

14.07.2017
Hi Lee! Ich nenne dich jetzt Lee, denn das ist der Name meiner besten Freundin. Heute war der aufregendste Tag von allen. Ein Haufen sonderbarer Dinge geschah, die ich mir bis jetzt nicht erklären kann.

Bei Sonnenaufgang schlich ich mich ohne Frühstück aus dem niedrigsten Fenster der Hütte. Da ich, wie du bereits weißt, kein Handy mehr zur Verfügung habe, schloss ich einfach die Augen und ging los. So vertraute ich auf die Ungewissheit. Das mag sich vielleicht eigenartig anhören, aber meine innere Stimme sagte mir, es würde funktionieren.

Und genau das tat es. Als ich glaubte, angekommen zu sein, blieb ich stehen und öffnete die Augen. Vor mir erstreckte sich wieder die meterhohe grüne Wand und ich schlüpfte durch das Loch in der Ecke. Wie am Vortag war ich auf einen Schlag erschöpft und genoss das kühle Wasser aus dem Bach. Ich erhob mich und ging auf die Bank zu, ließ mich darauf nieder und lehnte mich an den Baum.

Eine ganze Weile saß ich so da: Schweigend in der Gegend herumblickend und abwartend, dass es Abend wurde, bis das Grummeln meines Magens die Stille durchbrach. „So ein Mist, dass ich nichts zu essen mitgenommen habe, was mache ich denn jetzt?"

Mein Blick fiel auf den Apfelbaum auf dem Felsen und keinen Augenblick später geschah es: Der Apfelbaum neigte sich nach vorne, ein Apfel löste sich und fiel vor der Felswand in die Tiefe. Dabei bildete ich mir tatsächlich ein, dass der Apfel „Huiii!" gerufen hatte. Unsinn!

Auch vernahm ich kein Geräusch, welches auf einen Aufprall hätte hindeuten können. Ich erhob mich, um nach dem Apfel zu suchen. Vielleicht hatte ich Glück und man konnte ihn noch essen. Als ich jedoch an der Stelle ankam, war der Apfel nirgends zu finden.

„Eigenartig", sprach ich zu mir selbst.

„Was ist eigenartig?", piepste eine hohe, freundliche Stimme.

„Wie bitte!?", entfuhr es mir. Verwirrt blickte ich mich um.

„Hier oben! Schau nach oben!", erklang erneut das Stimmchen.

Ich tat wie mir geheißen, wandte meinen Blick langsam in Richtung Himmel und erschrak. Verblüfft trat ich einen Schritt nach hinten und fiel rücklings hin. Ein knallroter, dicker Apfel schien mir direkt in die Augen zu starren.

„Wer bist du?", wollte er jetzt auch noch wissen.

Ich war sprachlos.

„Was hast du denn?", lachte er fröhlich.

Nach einer halben Ewigkeit fand ich mehr oder weniger die Sprache wieder: „Sarah ... äh ... ja ... äh?"

„Hi – komm doch mal hoch. Ich habe gerne Besuch!", lud der Apfel mich ein.

„Ähm, ja, ähm, wie, wie soll ich denn zu dir hoch kommen?", antwortete ich vorsichtig.

„Na wie wohl? Mit dem Guzfua!", lachte das Äpfelchen.

„Mit wem oder was?", jetzt hatte mich das Wesen endgültig aus der Fassung gebracht.

„Erst verlierst du deine Sprache und jetzt auch noch dein Gehirn. Steige einfach in den Muab und sprich: „Guzfua ettib fuanih muz Muablefpa!"

„Ich soll was?", ungläubig starrte ich ihn an.

„Meine Güte. Geh mal zu der Bank", befahl er.

Ich folgte seinen Worten.

„So und jetzt ziehst du an dem Ast da vorne!"

Ich zog an dem Ast und die Rinde des Baumstammes schob sich zu meinem Erstaunen zur Seite und gab den Eingang in das Innere des Baumes frei.

„So und jetzt", hörte ich die Stimme von oben, „jetzt gehst du hinein und sagst laut und deutlich: Guzfua ettib fuanih muz Muablefpa!"

Ich brauchte mindestens sieben Anläufe, da dieser Satz ein echter Zungenbrecher ist. Da schloss sich die Rinde und ich wurde nach oben in die Baumkrone befördert. Dort angekommen umschlang ein Ast meine Hüfte, setzte mich auf einem Zweig ab, der mich durch die Luft in Richtung Blumenwiese schleuderte.

Als ich darüber hinwegzusausen drohte, schrie ich aus Leibeskräften und hatte Todesangst. Doch als ich direkt über der Krone des Apfelbaumes war, schnellte ein Ast in die Höhe, packte mich und setzte mich sanft neben dem Äpfelchen ab.

„Was war das denn gerade eben?", stammelte ich. Sofort meldete sich der Apfel, der mir die Anweisungen erteilt hatte zu Wort.

„Ich sagte doch, du sollst mit dem Guzfua kommen", rief er empört.

„Konnte ich denn ahnen, was der Guzfua ist?", versuchte ich, ihn zu beschwichtigen.

„Ich dachte du wüsstest das!", schniefte der Apfel. „Ich wollte dich nicht erschrecken!"

„Hey, es ist nichts passiert. Wie heißt du denn eigentlich?", lenkte ich ihn ab.

„Mein Name ist Ping!", verkündete der Apfel stolz.

Ich musste mir ein Lachen verkneifen. „Und bist du ein Junge oder ein Mädchen?", fragte ich weiter.

„Also ich muss doch sehr bitten! Natürlich bin ich ein Mädchen!", fuhr sie mich empört an. „Wie kommt es, dass du gar nichts weißt? Ich meine, zum Beispiel was der Guzfua ist und so weiter. Ich weiß zwar, dass du gestern und vorgestern auch schon hier warst, weil ich dich beobachtet habe, aber inzwischen müsstest du die Gegend hier doch schon ein bisschen kennen!"

„Nun ja, wir sind umgezogen und ich habe diesen Ort hier zum ersten Mal in meinem Leben gesehen", verteidigte ich mich. „Ach, dann bist du also die Neue? Piet hat mir schon erzählt, dass er neue Nachbarn bekommen hat," erklärte sie mir.

„Dann ist Piet also der Junge mit dem Hund", wusste ich jetzt. „Du, Ping, wie kommt es, dass der Apfel der vom Baum fiel, spurlos verschwunden ist?", fragte ich.

„Ach, das war Peng, meine Schwester."

Plötzlich bemerkte ich, dass ich von allen Seiten wissbegierig beobachtet wurde. Sämtliche Äpfel blickten zu mir hinüber und tuschelten aufgeregt miteinander. „Jeden Tag springen ein paar von uns unten in die Felsspalte und geben ihren Saft ab. Daraus werden dann die verschiedensten Köstlichkeiten zubereitet. Am Abend hängen dann alle Geschwister wieder am Baum, um schon am nächsten Tag mit Hilfe der Sonnenstrahlen neuen Saft zu produzieren. Doch wir Lefpä sind nicht die Einzigen. Im Inneren des Felsens lebt noch alles Mögliche: Tsbo und Esümeg und noch vieles mehr. Wir sind die einzigen oberirdisch lebenden Wesen."

Ratlosigkeit! Ich hatte kaum etwas verstanden. „Vielen Dank, Ping, für deine Erklärung, aber eigentlich muss ich schnellstmöglich nach Hause", antwortete ich.

„Kommst du morgen wieder?", bettelte meine neue Bekannte.

„Klar doch!", versicherte ich.

„Dann spreche jetzt: Muablefpa, ettib hcan Esuah."

Ich sprach die Worte deutlich aus und wurde erneut durch die Luft geschleudert.

Daran hatte ich nicht gedacht. „Wer wird mich dieses Mal auffangen?", schoss es mir durch den Kopf, als ich auch schon inmitten des Schornsteins unserer Hütte landete und sanft zu Boden glitt. Was für ein Tag!

Morgen frage ich Ping all das, was ich heute nicht verstanden habe und erzähle es dir.

Bis dann.

15.07.2017
Liebe Lee, du wirst mir nicht glauben, was heute passiert ist.

Bei Tagesanbruch schnappte ich mir eine Banane, stopfte sie in mich hinein und schlich aus der Hütte. Meine Mutter bemerkte nichts. Die Augen geschlossen haltend ließ ich mich führen.

Bald schon stand ich wieder vor der Hecke und das Loch, das war verschwunden. „Ich glaub's nicht!", entfuhr es mir. Ich wartete, vielleicht war ich ja zu früh.

Schon nach kurzer Zeit raschelte es im Gestrüpp und … das durfte nicht wahr sein! Das Loch tat sich auf und eine Gestalt kroch heraus.

Es war der Junge – Piet, wie ich inzwischen wusste – mit seinem Hund. „Hi, Piet!", rief ich. Er erschrak zutiefst.

„Oh, tut mir leid, ich wollte dich nicht erschrecken", entschuldigte ich mich.

„Nein, nein, schon gut. Ping hat mir schon erzählt, dass du heute wiederkommst. Sarah?", hörte ich seine sympathische Stimme.

„Ja, genau, du kennst den Ort hier also auch", stellte ich fest.

„Klar doch. Ich bin mit dir und meinem Hund der Einzige, der von diesem Ort weiß", erklärte er, „und falls du dich fragst, warum die Hecke geschlossen war, das Loch ist immer unsichtbar, solange sich jemand jenseits der Hecke aufhält."

„Deshalb konnte ich letztens das Loch nicht finden", es fiel mir wie Schuppen von den Augen.

„Genau!", entgegnete Piet, „Ich bin sicher, dir ist noch so einiges unklar. Lass uns hineingehen. Ich will es dir erklären." So schlüpften wir durch die Hecke.

Piet schöpfte sofort Wasser aus dem Bach und trank. Dabei forderte er mich auf, es ihm gleich zu tun.

„Nein, Danke!", lehnte ich ab, „Ich habe keinen Durst."

Daraufhin erwiderte er: „Du musst trinken, wenn du zum Baum gelangen willst. Sonst kommst du niemals voran."

Also nahm ich einige Schlucke.

Piet führte mich zu dem Baum. „Dies ist der Muabrebuaz. Sicher wunderst du dich über die seltsame Sprache. In dem Muabrebuaz befindet sich der Guzfua, der zum Muablefpa führt. Hier werden viele Ausdrücke rückwärts gesprochen. Also, versuche es mal. Was habe ich gerade gesagt?", forderte er mich auf.

„Also, das ist der Zauberbaum. Ach so! Jetzt ergibt es einen Sinn. Im Zauberbaum ist der Aufzug, der zum Apfelbaum führt. Wow – echt kompliziert", antwortete ich.

„Du verstehst schnell. Komm, lass uns Ping besuchen. Sie wartet schon."

So ließen wir uns zu Ping hinüberbefördern und die Äpfelin freute sich: „Hi, Leute, da seid ihr ja endlich. Heute bin ich dran mit Negnirps." Schnell übersetzte ich im Kopf und verstand.

„Was meinst du?", ich verstand zwar ihre Worte, jedoch nicht deren Sinn.

„Dies ist die Rudezorp, die ich dir gestern am Beispiel von Peng erklärt habe!", rief sie aufgeregt.

„Wir haben Glück Sarah", mischte sich nun Piet ein, „wenn Ping da ist, dürfen wir mitkommen ins Innere des Felsens. Doch gib Acht, um hineinzugelangen, musst du kurz vor deinem Aufprall Eisatnaf rufen. Dies ist der Schlüssel! Lass es mich dir zeigen." Und damit sprang Piet. Ich hörte ihn Eisatnaf rufen und weg war er.

„Jetzt du!", rief Ping.

„Ich – oh nein – ich kann das nicht", stotterte ich.

„Doch du kannst, versuche es nur", sprach Ping mir Mut zu. Ein Ast versetzte mir einen Stoß von hinten und ich verlor den Halt unter meinen Füßen. Schnell schrie ich: „Eisatnaaaaf!"

„Bin ich tot? Wo bin ich?", murmelte ich vor mich hin. „Das war's. Ich bin tot. Ich Idiot. Warum habe ich mich denn darauf eingelassen. Jetzt bin ich tot!"

„Nein, du hast einfach nur deine Augen geschlossen", lachte eine Stimme neben mir. Ich öffnete meine Augen ganz vorsichtig. Neben mir saß Piet, sich schüttelnd vor Lachen.

Plötzlich bemerkte ich, dass wir auf einem Baum saßen – einem Pflaumenbaum! Als ich nach unten blickte, traute ich meinen Augen nicht: Da waren hunderte von Bäumen und Sträuchern auf moosigem Boden. Seen und Flüsse erstreckten sich, soweit das Auge reichte. Jedoch nicht aus Wasser, sondern gefüllt mit den verschiedensten Säften, die man sich nur erdenken kann.

Piet bemerkte meine Fassungslosigkeit und flüsterte ebenfalls überwältigt: „Ich sag ja, Eisatnaf – Fantasie! Willkommen in meiner Welt, Sarah – und wenn du willst, ab jetzt, in unserer Welt."

Hinter uns kam Ping angehüpft und sprang mit einem „Huii" in einen Korb. Sie pustete einmal ganz kräftig und anschließend war sie nicht mehr dick und rot sondern dünn und grün. Sie hatte mehrere Liter Apfelsaft abgegeben, die nun in einem Fluss dahin plätscherten. Piet schwang sich vom Baum und landete leichtfüßig am Boden: „Hier kannst du tun, was immer du willst. Es wird dir nichts geschehen. Bedenke: Wir sind im Land der Fantasie!"

Also sprang ich ebenfalls und landete sanft, wie ich es niemals erwartet hätte.

Piet rannte lachend voraus und sprang in einen Fluss voller Bananensaft. Ich tat es ihm gleich. Wir schwammen um die Wette, bis wir nicht mehr konnten und stiegen wieder aus dem Fluss. Unsere Kleider waren trocken wie zuvor.

„Komm, wir füllen uns Kirschsirup ab", rief Piet. Er nahm zwei Flaschen vom Wegesrand und füllte sie auf. „Probier mal", schmatzte er.

„Köstlich!", quiekte ich glücklich. „Gibt's auch Holunderblütensirup?", wollte ich wissen.

„Aber klar doch, gleich um die Ecke!"

Abertausende von Holunderblüten blickten mir hier fröhlich ins Gesicht. Schnell füllte ich eine Flasche ab, trank jedoch nichts.

„Hey Sarah, so langsam müssen wir zurück, bevor deine Eltern misstrauisch werden. Morgen zeige ich dir den blubbernden Spinatsee, den rauschenden Milchschokoladenwasserfall und das Tortenfeld."

Auf dem Weg nach Hause fragte ich vorsichtig: „Deine Eltern wissen von dieser Welt?"

„Nein, ich bin ein Waisenkind. Meine Eltern sind vor sieben Jahren gestorben", ließ er mich traurig wissen. „Aber jetzt habe ich ja dich! In welche Klasse gehst du eigentlich?"

„In die siebte, und du?"

„Na wunderbar, ich auch. So werden wir uns jetzt täglich sehen."

Wir kamen bei unseren Hütten an.

„Bis morgen, gleiche Zeit?", fragte Piet hoffnungsvoll. Ich nickte, unsere Verabredung stand.

So, Lee! Morgen treffe ich mich nicht nur wieder mit Piet, nein, ich werde auch zur Post gehen. Dort werde ich dich an meine beste Freundin Lee verschicken.

Liebe Lee,
ich hoffe, es geht dir gut! Endlich konnte ich alle Fragen klären und habe sogar einen neuen Freund gefunden. So rate ich dir: Sollte dir mal etwas Eigenartiges widerfahren, sorge dich nicht, es ist nur deine Fantasie. Lasse dir den Holunderblütensirup schmecken!
Deine, für immer beste Freundin,
Sarah

Anna Sophia Weiße

Die Zeit

Sie sitzt in einem Raum. Der Raum ist groß, in einem sauberen Weiß angestrichen und besitzt am Ende ein kleines, viereckiges Fenster. Der Fensterrahmen ist ebenfalls weiß und ein kleiner goldener Griff ist an der rechten Fensterseite angebracht. Der Boden des Raumes ist nur unscharf zu erkennen durch das gespiegelte Licht, dass auf das glatte Parkett fällt. Sonst ist der Raum leer. Zumindest scheint er leer zu sein.

Sie sitzt auf einem Hocker aus Holz. Er ist in einem kräftigen Grün angemalt und duftet, als hätte er bis gerade eben noch mitten in den Tiefen des brasilianischen Dschungels gestanden.

Doch sie ist unscheinbar. Ganz blass sitzt sie nur da, schaut ins Leere und doch sieht sie so viel. Ihre Gedanken schweifen hin und her. Zu dem, was war, was ist und schließlich zu dem, was noch kommen wird. Dort bleibt sie hängen, ihre klaren Augen werden trüb, verfangen sich dort und scheinen etwas zu erwarten. Oder wollen sie etwas wissen? Vielleicht sehnen sie sich auch nach jemandem.

Ein ganz leiser Windhauch streift ihre Stirn. Und plötzlich ist sie wieder im Jetzt. Sie beginnt ihren Kopf leicht zu neigen, sodass ihre Augen wieder ganz klar und blau sind. Nein, jetzt sogar noch klarer als je zuvor. Ihre Augen, ja sie selbst beginnt zu strahlen. Erst nur ein wenig. Wie wenn die ersten Sonnenstrahlen der Morgensonne auf das noch schlafende Land fallen. Doch dann immer mehr und mehr. In diesem Moment blickt sie sich um. So sitzt sie für eine Weile da, strahlend und doch ganz still auf ihrem Hocker.

Erfüllt von einem inneren Glanz. Glücklich scheint sie zu sein.

Ein zweiter, diesmal stärkerer Luftzug streift ihre Füße, sodass sie ein wohlig kribbeliges Gefühl wahrnimmt. Ganz tief, ganz fest in ihr. Plötzlich kann sie sich nicht mehr halten, springt auf und tänzelt durch den Raum. Auf Zehenspitzen wirbelt sie umher. Ihr Tänzeln geht über in ein liebliches Tanzen, es scheint als schwebe sie über dem Parkett. Und mit jedem Schritt beginnt der Boden unter ihr zu leuchten in einem warmen Gold, das doch eigentlich sonst nur die Sonne so wunderschön malen kann. Ein unbeschreiblicher Frohsinn legt sich um ihr Herz, ein unbändiges Lächeln um ihren Mund. Im Hier und Jetzt ist sie. Und sie ist wirklich. Sie ist bezaubernd.

Doch ihr Glanz wird jäh unterbrochen. Erst ein leises, dann immer lauter werdendes Grollen lässt sie zu Boden sinken. Der Glanz verblasst. Ein letztes Grollen, dann ist alles still. Zusammengesunken sitzt sie in der Mitte des Raumes. Ihr Gesicht ist wieder bleich, ihre Augen trüb. Wo ist sie jetzt? Hängt sie dem nach, was war, oder befindet sie sich bereits in dem, was noch kommt? Jedenfalls ist sie nicht im Jetzt. Nein, sie ist weit, weit weg. Und trotzdem ist es anders als sie eben in dem war, was noch kommt. Ihr Herz ist nun erfüllt. Erfüllt mit Stärke, mit Hoffnung und mit Mut. Und auch wenn sie nirgendwo zu sein scheint, weiß sie, dass es eine Frage an die Zeit ist, eine Frage an sie selbst, wann sie wiederkommt, wann sie wieder zu spüren ist.

Immer noch sitzt sie da, reglos und unverändert. Sie wartet, auf die Zeit, auf sich selbst.

Doch dann, was ist das? Es hört sich an wie eine leise Melodie. Erst ganz langsam und zurückhaltend, dann immer schneller, immer gefühlvoller. Sie blickt auf. Und plötzlich ist es ihr, als reiße jemand an ihr. So stark, dass es schmerzt. Ihr Blick wird wieder klar, doch sind ihre Augen gefüllt mit Tränen. Es ist, als zerreiße ihr jemand das Herz. Oder ist sie es selbst, die dies tut? Immer stärker wird dieses Gefühl, dieser Schmerz. Und sie merkt, wie mit jeder Sekunde, jedem neuen Augenblick dieser Schmerz größer wird, in ihr wächst, wie eine Eisblume an einem alten Fenster, bis er ihren ganzen Körper erfüllt. Sie spürt, wie tief in ihr ein riesiger Krater, ein tiefer Graben, ja eine Wunde entsteht. Doch sie weiß, dass es wieder nur sie allein ist, die diese Wunde heilen kann. Es ist wieder nur eine Frage an sie, eine Frage an die Zeit.

Die Melodie wird langsamer und leiser. Der Schmerz lässt nach. Sie legt sich flach auf den Rücken und atmet tief. Ihre Tränen versiegen. Jetzt spürt sie nur noch die Sehnsucht, die in ihr entstanden ist. Oder eher durch sie?

Für einen kurzen Moment schließt sie die Augen.

Ganz langsam breitet sich der unverkennbare Duft des Hockers im Raum aus. Wie Signalwellen werden sie immer weiter, schließlich bis zu ihr getragen. Ihre Nase beginnt zu kribbeln, ganz leicht nur, dann immer stärker. Ein leises Niesen. Sie öffnet ihre Augen wieder. Langsam steht sie auf, bis sie fest mit beiden Füßen auf dem Boden steht. Sie breitet ihre Arme aus, als wolle sie fliegen. Die Sehnsucht in ihr wächst und wächst. Sie beginnt sich zu drehen, erst langsam, dann immer schneller wirbelt sie durch den Raum, als wolle sie alles von sich lösen. Dann hält sie inne. Doch etwas in ihr kann nicht zur Ruhe kommen. Ihre Augen werden riesig groß und fliegen nur so durch den Raum. Ihre Finger beginnen zu kribbeln und ihr Atem wird unregelmäßig. Etwas in ihr brennt, wie Feuer, wie Säure in den Augen. Ihr Herz schlägt so schnell, dass sie meint, es zersprenge ihr die Brust. Was geschieht mit ihr? Sie lehnt sich zurück und lässt ihre schmerzenden Augen für einen Moment zufallen. Sie spürt die sichere Wand in ihrem Rücken wie einen großen starken Felsen in der Brandung. Ihr Atem wird ruhig. Ihr Herzschlag wieder langsamer.

Sie öffnet die Augen wieder. Ihr klarer Blick trifft den Hocker, geht dann weiter zum Fenster, verharrt hier einen kurzen Moment und huscht dann zu den Wänden, an die Decke und schließlich blickt sie stumm auf den Boden. Sachte stößt sie sich von der Wand ab. Wieder blickt sie sich um. Doch jetzt mit verträumtem Ausdruck. Ihr Blick ist nun wie ausgewechselt. Erfüllt von Liebe und Leidenschaft. Und nur noch die eine Frage brennt ihr in der Seele. Wer ist sie wirklich? Was ist die Zeit wirklich? Langsam kriecht ihr wieder der vertraute Geruch des Hockers in die Nase. Behutsam geht sie zurück zu ihrem alten Platz und streicht vorsichtig mit zwei Fingern über das glatte Holz. Ein zartes Lächeln umspielt ihre Lippen. Sie tritt an das kleine Fenster. Ihr Blick schweift über das, was sie sieht. Sieht sie das, was war, oder das, was noch kommt? Im Jetzt ist sie jedenfalls nicht. Ihr Lächeln geht über in ein zartes Lachen. Langsam führt sie ihre Hand zum Fenstergriff. Dort ruht sie einen Moment. Doch schließlich öffnet sie das Fenster weit und lässt das in den

Raum, was da kommen will. Und mit dem Fenster öffnet sich auch ihr Herz, ganz weit.

Sofort ist der Raum erfüllt von einem frischen, neuen Duft, durchflutet von hellem, goldenen Licht. Ganz tief atmet sie ein. Die hellen Strahlen fallen ihr direkt ins Herz. Erfüllt von diesem unbeschreiblichen Glanz dreht sie sich um. Ihr Blick schweift erneut durch den Raum.

Sie spürt, wie plötzlich eine ungemein große Kraft in ihr wächst. Es fühlt sich an, wie wenn die Knospen an den Bäumen nach einem langen Winter aufspringen und zu blühen beginnen.

Mit kleinen Schritten geht sie auf die Wand zu. Langsam legt sie ihre Hände auf die weiße Oberfläche. Sofort färbt sich der Teil der Wand in demselben Grün, in dem auch der Hocker bemalt ist. Sie lächelt, als hätte sie gewusst, was da kommen sollte.

Immer mehr Farben erfüllen den Raum, während sie mit den Händen über die Wände fährt. Erst als jeder Teil der Wand in einer anderen Farbe erleuchtet, bleibt sie stehen. Der Raum ist bunt, erstrahlt in tausenden Farben. Mal hell, mal dunkel, kraftvoll und auch zurückhaltend und unauffällig.

Wieder beginnt sie zu tanzen. Ihre klaren blauen Augen glänzen. Der Raum verschwindet vor ihrem Blick, immer weiter scheinen sich die Wände zu entfernen, bis die Farbkleckse nur wie ferne Galaxien und Sterne aussehen. Sie bleibt stehen. Doch das Bild vor ihren Augen verändert sich nicht.

Es ist ihr, wie wenn man mit einem Heißluftballon langsam Richtung Himmel emporsteigt. Ihr Blick ist nun weit und offen. Ihr Bauch kribbelt. Für einen Moment fasst sie sich an den Kopf. So viele Gedanken, so viele Informationen auf einmal. Doch dieser eine einzige Blick auf alles lässt sie etwas verstehen, was sie vorher nie zu begreifen gewagt hat. Sie kann nun klare Konturen von etwas erkennen, von dem sie vorher nur schemenhafte Umrisse sehen konnte. Der Kampf in ihr ist gekämpft. Sie weiß nun, wer sie ist. Sie weiß nun, was die Zeit ist.

Sie ist wie das, was sie sieht. So groß, so unendlich und einzigartig. Niemals scheint sie zu enden, keine Grenzen scheint es zu geben, nichts unmöglich zu sein. Sie weiß, dass sie hart ist und doch erbarmungsvoll, denn so vieles kann sie zerstören und doch heilen. Sie ist die Mutter aller Gefühle. Alles hat seinen Ursprung in ihr, jegliche Struktur geht von ihr aus. Jedem ist sie gegeben und doch kann jeder nur eine bestimmte Menge von ihr bekommen, mal mehr, mal weniger. Sie ist für jeden begrenzt und eben doch niemals endend. Sie beginnt, wenn sie endet, und endet, wenn sie beginnt, ein stetiger Kreislauf also. Es ist eigentlich unvorstellbar und doch ganz simpel. Sie ist alles. Sie ist die Zeit.

Lara Wendel

Spiegelverkehrt

Spiegel hatten mich schon immer fasziniert. Über dem Waschbecken im Badezimmer hing ein ovales Exemplar, welches mich schon früh zu Experimenten angeregt hatte. Immer nach dem Zähneputzen zog ich vor dem Spiegel Grimassen oder drehte blitzschnell den Kopf. Nie unterlief meinem Gegenüber auch nur der kleinste Fehler, stets folgte es allen meinen Bewegungen. Aber ich war fest davon überzeugt, dass ich eines Tages schneller sein konnte als mein Spiegelbild, wenn ich es nur immer wieder versuchte. Doch spätestens seit wir in der Schule gelernt hatten, dass Spiegelbilder nur Reflexionen von Lichtstrahlen seien, hatten meine Experimente nachgelassen. Ich hatte mich auf die Wissenschaft verlassen und so war ich absolut nicht darauf vorbereitet, als ich eines Morgens in den Spiegel blickte und niemand da war, der zurückstarrte.

Mein erster Reflex war, die Augen zu schließen. Sobald ich sie öffnete, würde alles wieder ganz normal sein. Aber so war es nicht. Ich konnte jedes Detail des Badezimmers hinter mir klar und deutlich im Spiegel erkennen, doch mein Spiegelbild blieb verschwunden. Ich musste noch träumen, eine andere Erklärung gab es hierfür nicht. Doch so sehr ich mich auch in den Arm kniff, ich erwachte einfach nicht in meinem Bett. Was war hier denn nur los? Zögerlich streckte ich die Hand aus und berührte den Spiegel an der Stelle, an der eigentlich mein Spiegelbild zu sehen sein sollte. Das Glas war kühl und plötzlich hatte ich das Gefühl, dass ein seltsames Kribbeln davon ausging und sich auf meinen ganzen Körper übertrug. Rasch zog ich die Hand weg. „Okay, keine Panik. Dafür gibt es sicher eine ganz einfache Erklärung", murmelte ich, um mich selbst zu beruhigen. Kaffee. Ich brauchte jetzt erst einmal eine Dosis Koffein, um richtig wach zu werden.

Wie jeden Samstagmorgen saß meine Mutter am Frühstückstisch und las in der Zeitung. Alles herrlich normal. Doch kaum hatte ich mich gesetzt, fragte sie: „Guten Morgen, Anel. Hast du gut geschlafen?" Skeptisch musterte ich meine Mutter: „Was ist denn mit dir los? Früher hast du es doch albern gefunden, wenn Nina und ich unsere Namen nur noch rückwärts gelesen haben." Nina war meine beste Freundin, schon seit Kindergartentagen. Eine Zeit lang hatten wir uns einen Spaß daraus gemacht, alle Wörter nur noch rückwärts zu lesen und die Erwachsenen damit zu ärgern. Aber das war schon lange her. Doch meine Mutter warf mir einen überraschten Blick zu: „Du fängst doch gerade wieder damit an, Anin so zu nennen, nicht ich." Ein paar lange Sekunden sahen wir uns in die Augen, darauf gefasst, dass der andere gleich loslachen würde und laut „Reingelegt!" rief. Gegen meine Mutter gewann ich die Blickduelle eigentlich immer, aber heute zuckten ihre Mundwinkel nicht einmal verräterisch. „Okay", meinte ich schließlich, als mir das Ganze zu seltsam wurde: „Ich muss dann los. Ich bin mit Nina verabredet." Hoffentlich konnte ich mit ihr in Ruhe über die seltsamen Ereignisse sprechen. Gemeinsam würden wir sicher eine ganz einfache Erklärung für alles finden. Das hoffte ich zumindest.

Ich wollte mich mit Nina im Park treffen, unserem Lieblingsplatz für lange Gespräche unter besten Freundinnen. Doch als ich heute dort ankam, war Nina noch nicht da. Das passte überhaupt nicht zu ihr, eigentlich war sie immer pünktlich. Als sie nach ein paar Minuten immer noch nicht da war, rief ich sie an. „Hast du vergessen, dass wir verabredet sind?", wollte ich wissen, kaum dass sie sich gemeldet hatte. „Du hast das Treffen doch abgesagt." Nina klang ehrlich verwirrt. „Nein, habe ich nicht. Das wüsste ich ja wohl", gab ich zurück und stieß genervt die Luft aus. Der Tag wurde immer verrückter. Doch Nina beharrte darauf: „Gestern Abend hast du noch behauptet, du hättest etwas Seltsames herausgefunden und müsstest daher unbedingt deinen Onkel besuchen." Ninas Stimme klang fast schon beleidigt, so als ob ich sie auf den Arm nehmen wollte. Aber ich hatte dieses Treffen nicht abgesagt, das wusste ich ganz genau. Trotzdem meinte ich beschwichtigend: „Lass uns nicht streiten. Ich muss dir nämlich etwas Unglaubliches erzählen. Stell dir vor, heute Morgen war mein Spiegelbild verschwunden. Einfach so." Jetzt lachte Nina: „Du liest zu viele Vampirgeschichten. Ich kann in zehn Minuten da sein. Meinst du, ich muss etwas Knoblauch mitbringen?"

Nina glaubte also, ich mache nur Witze. Aber gut, hätte sie mir diese Geschichte erzählt, hätte ich ihr wohl auch nicht geglaubt. Ob ich mir doch nur alles eingebildet hatte? Ich kramte in meiner Tasche nach dem kleinen Spiegel, den ich immer dabei hatte. Einen Herzschlag lang erwartete ich, mein vertrautes Gesicht darin zu sehen, doch da war nichts. Schnell schob ich den Spiegel in die Tasche zurück. Das war doch verrückt. Wieso musste so etwas ausgerechnet mir passieren?

Endlich kam Nina auf ihrem Rad angefahren. „Ich habe den Knoblauch vergessen. Hoffentlich verschonst du mich trotzdem", grinste sie. „Nina, das ist nicht lustig. Ich mache mir langsam echt Sorgen", fuhr ich sie gereizt an. Eigentlich wollte ich meinen Frust nicht an ihr auslassen, aber ich wusste einfach nicht mehr weiter. Besorgt musterte mich Nina: „Anel, was ist denn los? Du bist ganz blass." Entsetzt starrte ich sie an. Jetzt redete sie schon wie meine Mutter. Das durfte doch nicht wahr sein! „Ich heiße Lena!", rief ich aufgebracht. Meine Augen füllten sich mit verzweifelten Tränen und ich konnte sie kaum noch zurückhalten. Was war heute denn nur mit allen los? Wieso konnten sie sich nicht ganz normal verhalten, so wie immer?

Nina nahm mich in den Arm und strich mir beruhigend über den Rücken, bis ich mich wieder einigermaßen gefangen hatte. Die Umarmung fühlte sich vertraut an, trotzdem schien irgendetwas falsch zu sein. Zögerlich machte ich mich von ihr los. Sie sah aus wie immer, als sie mich aufmunternd anlächelte. „Komm, ich bringe dich nach Hause. Heute ist einfach nicht dein Tag. Schlaf ein bisschen und dann sieht die Welt schon wieder ganz anders aus." Ich nickte mechanisch und ließ mich von Nina bis vor unsere Haustür begleiten. Mein verschwundenes Spiegelbild erwähnte ich nicht mehr. Vielleicht hatte Nina recht und ich brauchte nur ein bisschen Schlaf. „Ruf mich an, wenn du dich wieder besser fühlst, dann können wir in Ruhe reden." Nina musterte mich ein letztes Mal und ich zwang mir ein Lächeln aufs Gesicht. Sie sollte sich keine überflüssigen Sorgen um mich machen müssen.

Ich hatte schon den Haustürschlüssel aus der Tasche gezogen, als ich es mir doch noch einmal anders überlegte. Ich war nicht müde und ich wusste genau, was ich gesehen hatte. Irgendetwas stimmte hier ganz und gar nicht und ich musste herausfinden, was es war. Aber wo sollte ich nur anfangen? Nina hatte doch erzählt, ich hätte unser Treffen abgesagt, weil ich zu meinem Onkel wollte. Er lebte noch immer in der alten Villa, in der er und meine Mutter groß geworden waren. Das Haus war schon seit mehreren Generationen im Familienbesitz und schien so manches Geheimnis zu verbergen. Vielleicht war es der richtige Ort, um dem Verschwinden meines Spiegelbildes auf die Spur zu kommen.

Ich musste zwei Mal klingeln, bis man mir die Tür öffnete, und als man es dann tat, traute ich meinen Augen kaum. Ich hatte mein Spiegelbild wiedergefunden. Nur dass ich nicht vor einem Spiegel stand, wie mir nach einigen sprachlosen Augenblicken bewusst wurde. „Wer bist du?", fragten wir beide gleichzeitig. Unglaublich, aber wir redeten sogar mit der gleichen Stimme. „Ich bin Anel", meinte mein Gegenüber schließlich und berührte mich vorsichtig, als würde ich mich jeden Moment in Luft auflösen. „Ich heiße Lena", stellte ich mich automatisch vor, während meine Augen noch immer jedes Detail meines Gegenübers aufnahmen. Es stimmte einfach alles: das Muttermal am Hals, der leicht schiefe Eckzahn, den ich erfolgreich gegen eine Zahnspange verteidigt hatte, die kaum sichtbare Narbe an der Hand. Aber das konnte doch unmöglich sein. Ich hatte keine Doppelgängerin. Andererseits hatten meine Mutter und Nina mich Anel genannt. Lag hier eine Verwechslung vor? Mir schwirrte der Kopf von all diesen Fragen, auf die ich dringend eine Antwort brauchte. Anel schien es auch nicht besser zu ergehen. Unsicher lachte sie: „Als ich vorhin kein Spiegelbild mehr hatte, dachte ich nicht, ihm schon so bald wahrhaftig gegenüberzustehen." „Dein Spiegelbild ist auch verschwunden?" Ungläubig sah ich Anel an. Das konnte doch kein Zufall sein.

Anel nahm meine Hand und zog mich in den Flur der Villa, direkt vor den gewaltigen Spiegel im Eingangsbereich. Doch es sah so aus, als ob wir überhaupt nicht davorstehen würden. Als würden wir nicht einmal existieren. Unwillkürlich kroch mir eine Gänsehaut die Arme hinauf. „Ich war bei jedem Spiegel im ganzen Haus, überall mit dem gleichen Ergebnis", erklärte Anel und zeigte auf das seltsam leere Spiegelbild. Frustriert starrte ich den Spiegel an. Es musste doch irgendwo einen Hinweis darauf geben, was hier los war. Da fielen mir die Ränder des Spiegels auf, die seltsam angelaufen waren und eine milchig-weiße Farbe angenommen hatten. Ich rieb mit dem Ärmel darüber, aber die Schicht ließ sich nicht entfernen. „Das geht nicht weg", meinte Anel, die meine Bemühungen bemerkt hatte, „ich habe das gleiche Phänomen an Spiegeln bei mir zu Hause beobachtet. Deswegen bin ich auch hergekommen und habe sogar mein Treffen mit Anin abgesagt. Hier gibt es so viele Spiegel und ich habe mir jeden einzelnen genau angesehen. Bei mehreren ist dieses Phänomen aufgetreten. In einigen Fällen ist es sogar schon so weit, dass man in dem Spiegel so gut wie nichts mehr erkennen kann." Nachdenklich stemmte ich die Hände in die Hüften: „Wir haben also beide kein Spiegelbild mehr, dafür gibt es uns plötzlich doppelt und aus unerklärlichem Grund laufen die Spiegel an. Das könnte doch miteinander zusammenhängen, findest du nicht?" Anel nickte: „Wir müssen auf jeden Fall ein paar Antworten finden. Sollen wir mal in der Bibliothek nach Hinweisen suchen?"

Schweigend stiegen wir die Treppen zur Bibliothek hinauf. Sie war im größten Raum untergebracht, mit Regalen, die bis an die Decke reichten. Jede Generation, die in der Villa gelebt hatte, hatte weitere Bücher hinzugefügt. So war im Laufe der Zeit eine umfangreiche Sammlung entstanden. „Vielleicht sollten wir doch lieber zuerst im Internet suchen", schlug Anel zaghaft vor, als sie die gewaltige Menge an Büchern sah. Auch mein Mut sank etwas, aber ich war fest entschlossen, noch nicht aufzugeben. „Such du im Internet und ich fange hier schon einmal an. Unsere Chancen sind größer, wenn wir es auf verschiedenen Wegen versuchen", antwortete ich daher und zog ein paar dicke Bücher aus dem Regal. Staub kitzelte in meiner Nase und war ein klares Anzeichen dafür, dass diese Exemplare schon lange nicht mehr aufgeschlagen worden waren.

Wir suchten nach allem, was auch nur im Entferntesten mit Spiegeln zu tun hatte. Bald schon saß ich von Büchern umringt auf dem Boden, aber etwas Nützliches hatte ich noch nicht gefunden. Auch Anel seufzte frustriert: „Es gibt tausend Geschichten über Vampire, aber nichts, was uns weiterhilft." „Wir dürfen nicht aufgeben. Komm schon, mach weiter", versuchte ich sie zu motivieren.

„Moment", plötzlich richtete sich Anel wie elektrisiert auf, „hier steht etwas. Laut diesem Text existieren zwei Welten nebeneinander und Spiegel sind die Schnittstelle dazwischen. Sie verbinden die Welten gewissermaßen miteinander. Somit sind Spiegelungen keine Abbilder der eigenen Welt, sondern ein Blick in die andere, parallele Welt." „Was?", ungläubig zog ich die Augenbrauen hoch. „Wie soll das denn funktionieren? Leben in beiden Welten etwa genau dieselben Menschen, die immer genau dieselben Sachen machen? Das wäre ja unglaublich." „Aber es passt zu unserer Situation", aufgeregt stieß mich Anel an, „wir kommen ursprünglich aus je einer der beiden Welten und haben uns im Spiegel immer gegenseitig gesehen. Aber jetzt sind wir beide in dieser Welt und es ist niemand mehr auf der anderen Seite des Spiegels. Daher sieht es so aus, als hätten wir kein Spiegelbild mehr. Nun ist allerdings die Frage, wer von uns die Welt gewechselt hat." Ich dachte einen Moment nach: „Heute Morgen habe ich für einen kurzen Moment den Spiegel berührt und es hat ganz seltsam gekribbelt." Vor Aufregung bekam Anel große Augen: „Wahnsinn. Du bist mein Spiegelbild gewesen, aber jetzt hast du die Welt gewechselt. Das ist ja unglaublich." Eine Sache war mir jedoch noch unklar: „Ich habe den Spiegel ja nur berührt, weil ich kein Spiegelbild mehr hatte. Das heißt, ich war zu diesem Zeitpunkt noch in meiner Welt. Du warst aber nicht da, sonst hätte ich dich ja im Spiegel gesehen." Darüber musste Anel kurz nachdenken: „Ich habe die Verfärbungen an den Spiegeln in unserem Haus gesehen und wollte der Sache genauer auf den Grund gehen. Vielleicht hatten sich die Spiegel in deiner Welt aber gar nicht verfärbt, weshalb du nicht auf die Idee gekommen bist, auch hier in der Villa nachzusehen." Widerstrebend musste ich eingestehen, dass das durchaus plausibel klang.

Anel las weiter, doch plötzlich zog sie scharf die Luft ein: „Angeblich ist die Verbindung zwischen den beiden Welten nur sehr schwach und kann zerbrechen. Dann werden die Spiegel blind und können nicht mehr als Portale genutzt werden." Panisch sprang ich auf: „Ich muss unbedingt nach Hause, bevor die Verbindung zerbricht und ich für immer hier feststecke." „Nein", Anel warf mir einen empörten Blick zu, „wir müssen eine Möglichkeit finden, die Verwandlung der Spiegel aufzuhalten. Das muss doch irgendwie möglich sein. Leider steht dazu nichts mehr in dem Artikel."

Ich atmete ein paar Mal tief durch, um mich ein wenig zu beruhigen: „Lass uns weitersuchen, vielleicht finden wir hier ja noch etwas." Entschlossen zog ich weitere Bücher aus dem Regal, als plötzlich ein einzelner, handschriftlich beschriebener Bogen zwischen den Seiten herausrutschte. Zwar konnte ich nicht erkennen, wer ihn geschrieben hatte, aber der Inhalt passte zu unserer Situation. Ich las ihn Anel vor: „Zum wiederholten Male ist unsere Familie dazu auserwählt, die Spiegel vor dem Erblinden zu bewahren. Nur wir können das Portal zwischen den Welten nutzen und nur wir können verhindern, dass es sich für immer schließt. Auch wenn es für uns ein großes Opfer bedeutet, wir müssen endgültig die Seiten wechseln. Nur so, können wir die Verbindung zwischen den Welten bewahren."

Anel und ich sahen uns an. „Was hat das zu bedeuten?", fragte sie, aber wir hatten beide verstanden. Ich konnte es in Anels Augen sehen, so wie sie in meinen. „Vielleicht gibt es doch noch eine anderen Lösung", murmelte ich schwach. Ich wollte wieder nach Hause, zu meiner Familie und meinen Freunden. Das hier war nicht meine Heimat, nicht meine Welt. „Es ist der einzige Weg, das hast du doch selbst vorgelesen", meinte Anel matt. Wir mussten also wirklich unsere Rollen tauschen.

Wir hatten uns wieder vor den Badezimmerspiegel gestellt, den ich ungewollt als Portal genutzt hatte. Mittlerweile hatten auch hier die Ränder angefangen, sich zu verfärben. Uns lief die Zeit davon. Da ich die Welt schon gewechselt hatte, musste nun nur noch Anel in meine alte Welt hinüber. Ich nahm sie fest in den Arm: „Pass gut auf meine Familie auf. Ich werde auch auf deine aufpassen." Anel nickte kaum merklich, dann glitt der Ansatz eines Lächelns über ihr Gesicht: „Wir sehen uns." Noch einmal atmete sie tief durch, dann presste sie ihre Hand aufs Glas. Plötzlich stand sie nicht mehr vor mir, dafür ließ sie nun auf der anderen Seite des Spiegels ihre Hand sinken. Jetzt hatte sie also meinen Platz eingenommen. Es war ein komischer Gedanke, aber ich sollte mich besser daran gewöhnen. Anel war jetzt Lena und ich war nun Anel.

An manchen Tagen fühlte es sich so an, als hätte sich überhaupt nichts verändert. So seltsam das auch klang, aber auch auf der falschen Seite des Spiegels ging das Leben ganz normal weiter. Nur an meinen neuen Namen hatte ich mich noch nicht so recht gewöhnt. Aber es hatte sich gelohnt, die Plätze zu tauschen. Schon kurze Zeit danach waren die Verfärbungen zurückgegangen und die Spiegel wurden wieder klar. Anel und ich nahmen unser altes Ritual wieder auf und schnitten jeden Morgen vor dem Spiegel Grimassen. Jeder versuchte schneller zu sein als der andere, aber es gelang uns nicht. Wir bewegten uns völlig im Einklang. Spiegelschwestern eben.

Gina Zimmer

Der ruhige See

Ein sanfter Wind pfiff durch die Spalten der alten Fenster. Die Bohlen ließen das Haus leise knarren und ächzen. Schlaflos lag er im Bett, den Blick starr zur Decke gerichtet, und betrachtete das Schaukeln der Lampe.

Ohne ein Klopfen öffnete sich die Tür. Schnell kamen Schritte näher und ein Gesicht schob sich vor sein eigenes.

„Es ist Neumond!", rief der Junge, senkte aber sogleich die Stimme. „Das Meer ist spiegelglatt", fügte er flüsternd hinzu.

„Bestimmt", meinte Luka, sah seinen Bruder aber nicht an.

„Lass uns aufs Meer hinausfahren." Euphorisch sprang er leise im Zimmer herum, aus Erfahrung wissend, welche Dielen knarrten.

„Geh lieber wieder schlafen, Ben", meinte Luka und drehte sich mit dem Rücken zu ihm, als wolle auch er wieder einschlafen. „Vielleicht nimmt uns Papa morgen mit."

„Möglich, aber heute Abend können wir beide Fische fangen", meinte dieser dicht bei seinem Rücken. „Und Papa überraschen."

Luka drehte sich um und sah seinem Bruder in die Augen. Als dieser nichts weiter tat, als ihn anzulächeln, warf er die Bettdecke von sich und folgte Ben in den Wohnbereich hinein. Dort verglomm gerade das letzte Stück der Holzkohle im Ofen und der letzte Rest Wärme drang durch das alte Holz nach draußen. Sie schlüpften in ihre Gummistiefel und zogen sich die Jacken an, dann traten sie zur Tür raus und rannten bis hinunter zum Hafen.

Die Schiffe und Boote und Schlepper lagen still im Hafen. Sie gingen weiter bis zu einem kleinen Strandabschnitt. Von leichten Wellen getragen lag das Boot, nur nötigerweise mit einem Seil an einem schmalen Pfeiler befestigt da. Moos bildete sich am Bug und im Inneren lag ein Netz, welches vom Wasser schwer und nass war. Sie lösten das Boot vom Ufer und wateten ein kurzes Stück ins Meer hinein, bis das Boot den Kiesel- und Sandboden nicht mehr berührte. Dann kletterten sie ins Boot und mit einem Paddel fuhren sie aufs Meer hinaus.

Es dauerte seine Zeit, bis sie die Küste als volles Panorama erkennen konnten. Kein Licht brannte und es war nur abzuschätzen, wie weit sie bereits rausgefahren waren. Sanft wiegte das Boot im gleichmäßigen Rhythmus und die Jungen mit ihm. Die Sterne am Himmel funkelten wie verirrte Seelen in dieser Nacht und spiegelten sich im Wasser, so dass es schien als würden Seemonster in der Tiefe lauern.

„Lassen wir das Netz jetzt raus?", fragte Ben voller Aufregung, während seine Körper von den kalten Windstößen heftig zitterte.

„Haben wir Seile dabei?", fragte Luka, der schon mal mit seinem Vater rausgefahren war, und sah sich um.

„Nein", sagte Ben, nachdem auch er die wenigen versteckten Winkel des Bootes durchsucht hatte. „Nur das hier." Und zeigte auf das Netz, das Paddel, einen rostigen Nagel und ein morsches Holzstück, was vermutlich mal zu dem zweiten Paddel gehört hatte.

„Damit können wir wenig anfangen." Luka dachte nach und rieb dabei seine Hände, bevor er das Netz nahm und es ein Stück ins Meer hielt.

Gespannt kam Ben näher an ihn heran und sie beide sahen zu, wie sich das Netz im dunklen Wasser entfaltete. Tatsächlich war das Meer spiegelglatt, während sie auf dem Boot saßen und darauf warteten, dass sich die Fische zeigten. Bis in die Ferne sahen sie keine einzige Welle. Der Leuchtturm sandte sein Licht über das Meer hinaus bis hin zum Horizont. An der Stelle, an der sich die Welt ihrem Blick entzog, schien es als würde das Wasser in endlose Tiefen fallen.

Bens Blick hing starr am Netz, es war unmöglich auszumachen, ob sich bereits ein Fisch hinein verirrt hatte. Ohne seinen Bruder zu fragen, ließ er das Netz weiter ins Wasser und hielt es mit den Händen fest.

„Was machst du da?", fragte Luka und half ihm, das Netz zu halten.

„Sonst bekommen wir nie einen Fisch", meinte Ben und ließ seinen Blick wieder ins Wasser wandern.

„Das ist irrsinnig, wenn uns das Netz ins Wasser fällt, war es das mit den Fischen. Dann ist die Chance gleich null, dass wir etwas mit nach Hause nehmen können."

Luka zog an dem Netz, das nun vollgesogen von Wasser war. Ein Teil nach dem anderen zog er wieder ins Boot, doch glitt es ihm immer wieder aus den tauben Händen und fiel in das eisige Nass. Nun half auch Ben und versuchte mit aller Kraft, das Fischernetz aus den kalten Klauen des Ozeans zu ziehen.

Sie merkten nicht, wie ihnen das Hanf in die Finger schnitt und – taub, wie diese waren – sie die Kraft verließ.

Ben zog mit aller Kraft, die ihm noch blieb, und stellte sich breitbeinig hin, da wurde das Netz von einer plötzlichen Schwere befallen und Ben stürzte ins Meer. Luka, zuerst wie erstarrt, stürzte vor und griff ins Leere. Das Netz wand sich um seinen Bruder in einer tödlichen Umarmung. Er wurde nach unten gezogen. Entsetzt griff Luka nach dem Paddel, hielt es ins Meer und rief ihm zu, er möge sich festhalten, doch es kam keine Antwort zurück.

Luka saß da, während die kleinen Wellen, die von der Stelle ausgingen, an der sein Bruder verschwand, ins Meer hinausliefen und beobachtete, wie das Licht des Leuchtturms verschwand.

244

Inhalt

Zum Geleit..5
Vorwort..8
Die preisgekrönten Texte
(in alphabetischer Reihenfolge)..............................11
Vanessa Leuschner
   Sentenced to Death – Zum Tode verurteilt...............12
Maja Friederike Rausch
   Welt der Literatur...26
Sandra Schorr
   Fünf Gedichte (o.T.)..33
Judith Volk
   Geschichte auf einem Friedhof..............................35
Die ausgewählten Texte
(in alphabetischer Reihenfolge)..............................51
Sofie Bernhart
   Elia..52
Celina Blum
   Geburt..56
Carina Caspers
   Tänzerin...61
Fabian Dombrowski
   Mrs. Greenfields Mission......................................69
Leon Endris
   Zwischenmenschliche Befremdlichkeiten.............77
Rebecca Geiger
   Von Angesicht zu Angesicht..................................80
Anne-Cathrin Gerber
   Tick-Tack..84

Tim Groenenberg
　Üben, üben, üben..88
Kristin Haselsteiner
　Der Raub des Elfen..91
Zeinab Hodeib
　Spiegel...106
Katrin Jochim
　Bis auf Weiteres..110
Anne Jungfleisch
　Der Schuhskandal am Fußballabend.............................117
Lea Sophie Keller
　Die Zeit..124
Catriona Koch
　Schwingen des Winters..128
Julia Laux
　Endlich war er ganz allein...141
Malte Machura
　Das Skalpell..145
Maya Mateescu
　Memory Puzzle...155
Lea Melcher
　Das Herzmaere..167
Carla Pfeffer
　Die andere Seite..179
Hannah Ries
　Das einzige Hindernis...183
Michelle Schatz
　Sky..190
Nicole Schmidt
　Im Sommer singen die Zikaden.....................................197

Hannah Schmitz
  Neu entdeckte Welt..209
Anna Sophia Weiße
  Die Zeit..224
Lara Wendel
  Spiegelverkehrt...230
Gina Zimmer
  Der ruhige See..240